舞台のかすみが晴れるころ

有松遼一

ちいさい
ミシマ社

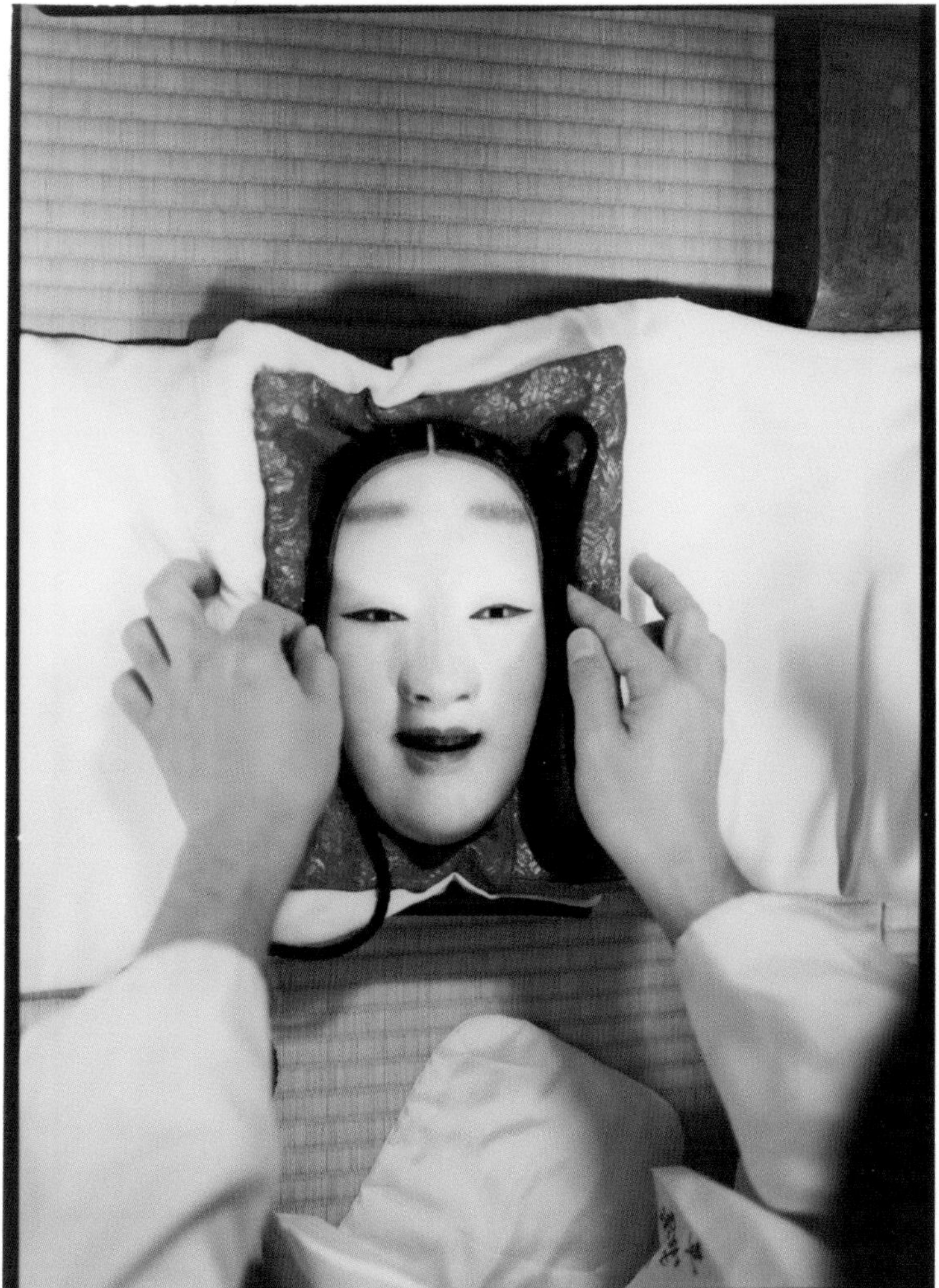

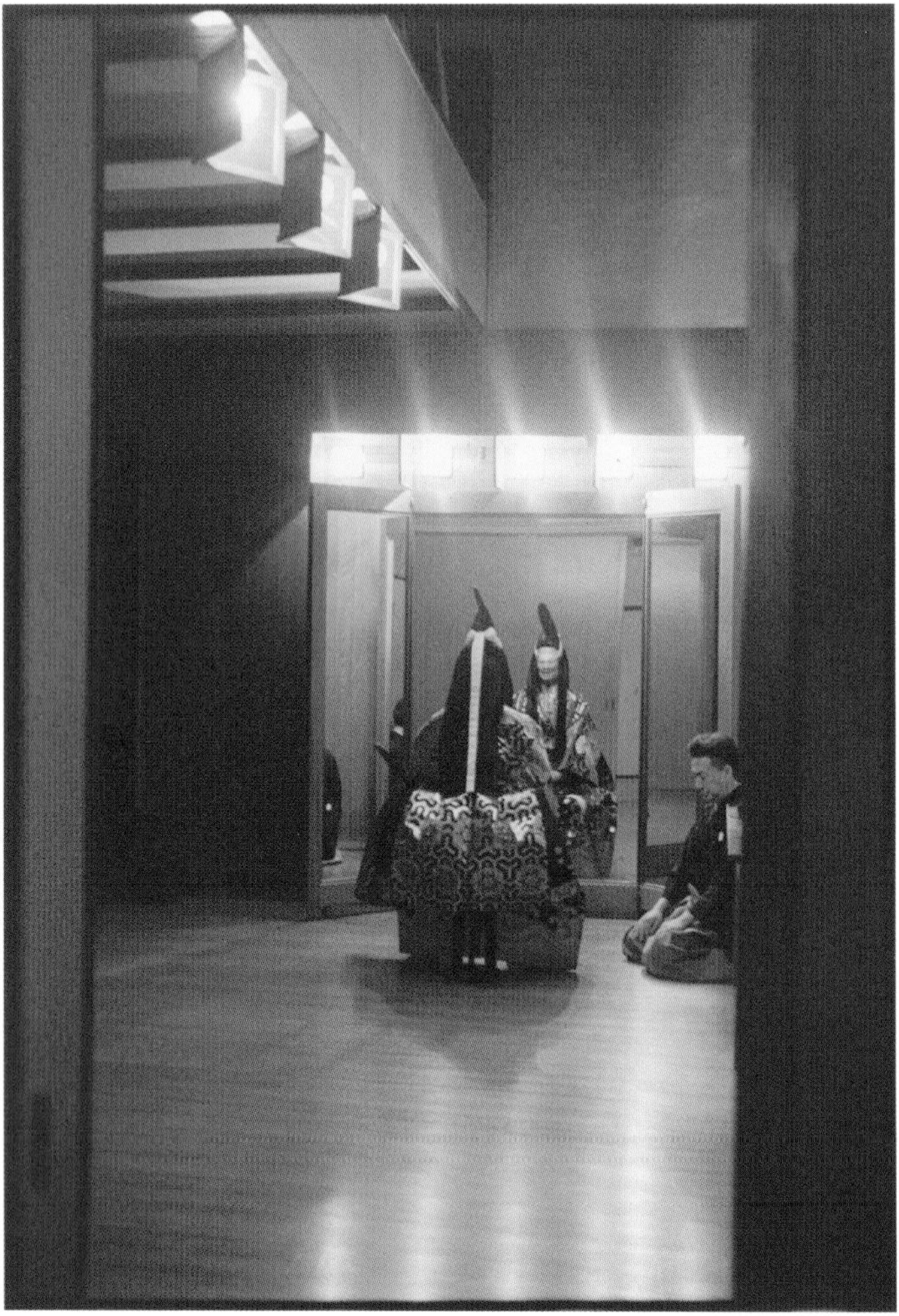

はじめに

能の舞台は人物の自己紹介からはじまる。「私は、京都に住まいするワキ方の能楽師、有松遼一です」といった具合に。

能楽師はシテ方、ワキ方、狂言方、囃子方《はやしかた》、それぞれ専門に分かれていて、ワキ方は装束を着け直面《ひためん》（素顔）で一曲のはじめに登場し、場面設定をして、主役であるシテの相手をつとめる。役柄は旅僧、神職、大臣から町の男までさまざまだ。自己紹介の「名ノリ」は日常茶飯の仕事である。

代々の能楽の家も多いなか、私は一般の、外の世界からプロの道に入った。ふつうのサラリーマン家庭で育ち、京都の演者ながらも出身は京都ではない。大学で能に出会い、縁があって、能を演じる側にまわった。

大学では能と茶道の部活を掛け持ちした。どちらもなかなか体育会系で、思えばどうやって時間をやりくりしていたのだろう。専攻は国文学で、和歌や連歌を研究した。大学院の修士・博士まで進んだ。

こうして書き連ねていても、われながら散らかった人生の歩みに驚く。でもいまは一介の能楽師として、正座がベースの仕事をし、大学では能や文学を語り、ときおり日本文化に関する講演や原稿を書く生活を過ごしているのだから、取り集めてきた人生のピースがどう結果するか誰もわからない。

その日々が、新型コロナウイルスによって大きく崩れた。

ぽっかり穴が空いた不気味な時間のなか、じんわりとした焦りに駆られて、ことばを綴ることをはじめた。ささいなことから人生の展望まで、どんなことでも書いた。

思わぬご縁をたまわり、それらをまとめて本にすることになった。能楽師の著書といえば、大家の先生が、自身の経験や人生の回想を集大成するものなのに、こんな若輩の上梓《じょうし》なんて、ふたたび驚かなくてはならない。

寄稿は、第一線で活躍するお忙しい方々がこの小さくも新しい試みに筆をふるって応援してくれた。こうやって背中を見せてくださるものなのかとまぶしかった。

きっと、ノウガクをご存じなくこの本を手にとってくださった方もあるだろう。ご縁がこうしてつながったありがたさは、はかりしれない。さらにこの本がきっかけで、能舞台を一度見てみよう、魅力を感じたからまた見てみよう、と思っていただいたなら、それこそ望外の、つらいコロナ禍にもまさる喜びである。

目次

第一章　無音の春

そのとき、パリにいた。

エッフェル塔が窓のそばに見えるホテルのベッドで、横になりながら、明日にめぐる観光スポットを携帯であてどなく探っていた。

妻と、二月おわりから三月はじめにかけて、フランス旅行に出かけた。私がパリにちゃんと行ってみたいと言ったので、二人で休みを合わせてパリに来ていた。

令和二年（二〇二〇）の二月二十四日、御所西にある江戸時代の学問所、有斐《ゆうひ》斎弘道館《さいこうどうかん》の再興十周年を記念して、大規模な新作劇とその祝賀会を催した。有斐斎弘道館は、江戸時代の儒学者・皆川淇園《みながわきえん》の学問所で、一時はマンションの建設で取り壊しに遭いそうだったのを、有志による保存活動で守り、文化の学び場としてさまざまな講座や催しを行っている。私も講座に出演したり茶会の亭主をさせてもらったりして、ずいぶんお世話になっている。

その弘道館にゆかりのある仲間たちが発起人となり、再興十周年を祝って、新作劇が贈られた。

劇の名は、学問所のあるじにちなみ、「新《しん》〈淇《き》〉劇《げき》」といった。能楽師の林宗一郎さんが旗をふり、いろいろな芸能の担い手が集まった。脚本は私が担当した。現代に生きる弘道館の人びとが、江戸時代に生きる皆川淇園と時空を超えて出会い、そこへ未来神が出現して、学問所の行く末を予祝するというもの。能、狂言、落語、篠笛《しのぶえ》、立花《たてはな》など多彩な芸能がまじわっては光る、文化の発信場である弘道館らしい新感覚の劇だった。私は皆川淇園の役で、劇を整理して進行させるワキらしい役どころだった。

舞台創作のほか、公演の企画、広報、チケットの事務から、祝賀会の準備や進行にいたるまで、事業全般に携わった。実行委員会のメンバーもみな手弁当で働いた。妻はチケット管理の総まとめ役を担った。当日は会場受付や会計などでも奮闘してくれた。

お世話になっている弘道館への恩返しだった。一般の方から「弘道館の職員さんですか？」と訊かれることもあり、よそのことを手伝いすぎと見られもしたが、私自身、これほど大きな会を「主催」するのははじめての経験だったので、運営のすべてがありがたい勉強だった。

弘道館館長の濱崎加奈子さんが、「早くから計画をしながら、まったくできなかったことが多くの友人たちのおかげでなんとか形になりつつあります。ほんとうにありがたいことです」と人に語っていたときは、誇りに、また嬉しく思った。公演は金剛能楽堂、祝賀会はブライトンホテル京都で、盛大かつ華麗に、無事に催された。

片づけを終え帰宅して、私たち夫婦はともに空っぽになっていた。三カ月以上、ほとんどの時間をこの事業に費やしていた。二人ともかなりの充電が必要になっていた。


パリに着いた私たちは、念願のルーブル美術館やオルセー美術館をめぐり、サン・マルタン運河の近くで友人の個展を訪ね、有名カフェで珈琲を山ほど飲んだ。パリから少し足をのばしてロワール地方の古城めぐりも楽しんだ。シャンパンをかたむけながら観劇したムーランルージュも面白かったし、ヴェルサイユ宮殿は広大すぎてもう一度ゆっくり行きたいと思った。

予定をぎっしり詰めたから、ホテルに戻って休息しつつ、翌日の予定を確認するのも大事な工程だった。携帯を眺めていると、日本からメールが二通届いていた。

「三月○日の公演につき、コロナウイルスの影響で延期を相談させてください」

「改めてお電話しますが、三月□日の公演は延期させていただきます」

新型コロナウイルスの影響で、帰国まもなくの舞台が二件、延期になるらしい。

新型コロナウイルスのことは、日本にいるときから知っていた。一月から話題に上がりはじめ、二月に入ると中国やイタリアで猛威をふるっているというニュースが目についた。日本国内でも、意識の高い人は風邪予防もかねてかマスクをして用心に努めていた。

二月のフランスではむしろ、今年に入ってからの過去最大規模のストライキが心配された。公務員をふくんだ年金改革に反対して、かなりの施設が閉鎖、街中で乱暴な衝突も起きているとのニュースに、パリでの物見遊山など大丈夫だろうかと気を揉んだ。またどこか、きちんと自分の権利を社会に表現するフランス人らしさをのんきに称えもした。

そのストライキも落ち着いている。ましてや新型コロナウイルスの影など、このフランスにはどこにもなかった。

空港、街ゆく人びと、ホテルやお店で、マスクをしている人はいない。慣習の違いをさし引いても、一人もマスク姿の人と出会わなかったのだから、私たち夫婦がマスクをすると、かえって白い目で見られそうだった。

ものの試しに、パリで薬局に入り、マスクを買い求めてみた。売り場のどこにも見当たらない。カウンターでマスクが欲しいのだと注文すると、薬局のおばさんは怪訝な顔で店の奥から医療用のマスクを一つだけ取り出し、ありものの封筒に入れて売ってくれた。一枚で八ユーロ（千円くらい）だった。これも旅の記念にと支払い、二人で苦笑しながら薬局を出た。

パリの街はそういう様相だった。

日本からの思わぬメールに、気疎《けうと》く首をかしげた。飛び立ってまもなく、国内で新型コロナウイルスが爆発的に広がったのだろうか。情勢にナイーヴな主催者が当面の集会を自重したのだろうか。あるいは、このまま三月中の公演がいくつか延期になるのだろうか。

舞台がなくなるのはさびしいかぎりだが、九日間のフランス旅行でじゅうぶん気分転換をさせてもらったから、気持ちを立て直し、三月後半からの舞台を元気よく勤めよう。

メールに了承の返事を打ちながら、また少し観光地の情報を調べて、ほどなく眠りについた。

めいっぱいのフランス観光から帰国すると、日本は新型コロナウイルス一色に染まっていた。意識の高い人などと前置きする隙もなく、街ではマスクをして歩く人がはっきりと増えた。社会全体が活動自粛に傾き、能界にも猛烈な公演中止の嵐が吹いていた。パリの思い出に浸る間もなく、むしろあの浅春の曇天が、暗く重く心に垂れこめてくるようだった。

電話が鳴り、主催者から公演の中止が告げられる。または数カ月後の代替や来年への延期を申し渡される。手帳やカレンダーに中止や延期になった催しへバツ印をつけていたら、運の良すぎるビンゴゲームのように、みるみる増えて止まらなかった。

結果、この春は三月なかばに一つ発表会があっただけで、そのほかは見事にすべての公演がなくなった。

こんなことは、はじめてだった。

その唯一の会で、対面した能楽師たちと楽屋で近況を話し合った。いくつ催しがなくなったか、口々に報告した。東京の演能事情なども漏れ伝わってきた。

このままどうなるのだろう。皆一様に心配の表情を浮かべた。それは月末までの心配か、今夏までの心配か、年末まで、あるいは数年後までの憂いか。思えばそのとき、皆ばらばらであったように思う。

この浮き足立った感覚は、舞台を常として過ごす私たちにとって、危機として十分だった。私たちは舞台の空気を吸って、日々の生活を送っている。舞台の息吹や感覚は生きものであり、いつも身体に語りかけるものだ。補助輪のない自転車がしばらく静止していられないように、走りつづけてこそ保たれるものなのだ。それが停止を余儀なくされる。

この三月なかばの舞台でさえ、身体の感覚が以前と少し異なっていた。演《や》りながら、ああ何か違うと思ったし、拭えない自身の違和感に首をかしげるベテランを目撃したのも重かった。それだけ、舞台の間隔が空くというのは舞台人にとって致命的なことだった。

だんだんと、電話が鳴るのが憂鬱になった。かかってくるのは決まって公演中止の連絡だ。携帯に電話主の名前が表示されるだけで、この催しも中止か、そんな先の催しも中止か、と通話に出る前にわかった。

感染予防対策を徹底的に立てて、公演の断行を表明している催しもあった。一期一会のその灯火を消してはならないという確固たる気概だった。その決意は、戦争や天災、時代のうねりなどあらゆる苦難を乗り越えてきた能の先人に対する敬意と感謝でもあった。ただでさえ生きものである舞台、この伝統のリレーを途切れさせてはいけない、と。

しかし、そういった催しも、最後には残念ながら中止となった。

公演のどの催主も、悔しかったことだろう。自分たちのあの「新〈淇〉劇」がもし中止に追いやられていたら。想像できなかった。どんな催しも、多くの人が制作に携わり、時間も手間もかけて舞台をつくっている。なかには一世一代の公演もある。そのような会を「別会《べっかい》」と呼ぶが、演者もお客さんも格別の思い入れをもってのぞむ舞台だ。

それも、新型コロナウイルスによって流されてしまった。目に見えない病魔はあまりにわからないことだらけで、この無念を表現すべきことばさえ選ばせてもらえない、やるせない、無慙《むざん》さに包まれた。

京都の能会の主軸であった観世会と金剛会も催行中止が決定され、舞台の灯火はいったん消えた。

四月七日に政府から緊急事態宣言が発せられ、不要不急の外出は控え、最低限の買い物や仕事を除くすべての活動自粛が呼びかけられた。

私が物心ついて知っているだけでも、阪神・淡路大震災、東日本大震災など、日本はさまざまな緊急の事態を経験してきた。しかしいずれも、人々が寄り合って、助け合うことが否定されることはなかった。怪我をすればその傷が癒えるまで、周りの人間が支援して暮らすのが当然のふるまいだった。それがこのたびは、はっきりした外傷は見えずに、体内がいつしか虫食まれ動けなくなる、未知のものとの闘いだった。その闘いが、特定の地域ではなく、また国内だけでもなく、全世界で、同時発生している。

目に見えないものに、すべての人間の行動が制限されてしまった。

季節は春に入り、御所の糸桜が人知れずひっそりと咲いた。鴨川の桜並木もどことなくもの悲しかった。無音の春がはじまっていた。

第二章　晴耕

春の珈琲

春は桜が咲く。花どきには多くの人が足をはこぶ。

令和二年。今年はそれがかなわなかった。

花見に人が寄ると、密になり、新型コロナウイルスに罹る恐れがある。花見団子もいただけない。飲食はマスクを外すし、そのマスクに触れるし、楽しく談笑してしまうのが人情だから。会話の飛沫で感染する。とにかく、どこからコロナに冒されるかわからない。死病に怯える毎日に変わった。

ステイホーム、不要不急、リモートワーク。できるだけ家でおとなしく過ごすよう喧伝された。自粛を要請される事態となった。

能の公演もまったくなくなった。

いつもなら、能楽師の春は忙しい。草木がほころび、春爛漫のうれしい陽気は、催しにとって絶好の季節だ。充実した舞台で気持ちのいい汗をかく。毎年恒例の公演で訪れる地方もあって、その土地の春の匂いを感じるのが楽しみだった。それが今年は、ごっそり抜け落ちてしまった。

師匠や養成会の稽古も中止になった。なにしろ人が集まれない。途方もない時間があまり、宙に放り出された身となった。

一日はめぐる。自分はどうしようもない。

私は、少しずつ文章を書くことにした。気分がのらず書けないときは、頭をよぎる思考の断片だけでも走り書きするようにした。

日々の家事、ふだん手つかずのところの掃除、資料や型付《かたつけ》の整理もする。しかし、この異常な日常をことばで綴っておくことは、ことさら重要なことに思われた。

文字を書くと、とりとめのないことでも、心がかたちとなって自分の前にあらわれる。鏡に映る自分の姿に驚くこともめずらしくない。書けば書くほど、思わぬ方向に筆が進んで、とまどうばかりの場所に入りこむことも、かたまっていない生成りの思考に赤面することも多かった。

印象深かったのは、自分のことばづかいのまずさでこぼれ落とす思いのほどもさりながら、そもそもことばでは成形できなさそうな、思いの泉の底深さを知ることだった。

人間の思考や感情は、ことばによって裏打ちされる。多くの情念はことばによってかたちを与えられ、私たちの世界に前景化する。しかし、ことばの容器で掬ってはこぼれ落ちるものの動態を見るにつけ、これはことばではなく、それ以外の「うつわ」、絵、音楽、舞踊といった表現によってこそ迫るべきものがある、そんな予想が知られてきた。ことばのラベルによってどこまでも世界を分節していくのもよいが、この思念の隆起を相手するには、これでなくては、という表現形態がある。他者からの誤解のリスクは承知のうえで、核心を突くならそれ以外には考えられないという伝達手段が、表現には多様にあるのではないか。そういうことを確認できたのは、舞台に携わる人間として貴重な実感だった。遅すぎる認識かもしれないけれど。

書きものをするときは、かならず珈琲を淹れた。

珈琲豆を挽くと、芳醇な香りが部屋中に広がる。やかんでも、電気ケトルでも、たっぷりのお湯から沸き立つ白い湯気に、心がよろこぶ。夏でも冬でも、この湯気を眺めているとしあわせな気持ちになる。

逆三角錐のドリップの容器に少量のお湯を垂らし、珈琲の粉末を大きく膨らませてから、ゆっくりと周回して注いでいく。膨らんではしぼみ、湯を注げばまた膨らんで、香り高い珈琲が静かな音を立てて少しずつ下に溜まる。できたての温かい珈琲が、やさしく心を満たしてくれる。

能の型付に、ある大曲の秘事とて、「まずは深呼吸をすべし」と書かれているという。深呼吸。ちょっと肩すかしの大秘事かもしれないが、ふだんから身体の裏づけをもって生きている人ほど、この教えの重みがわかるはずだ。すべての所作は、落ち着いた深い裏づけが用意されて、はじめて十全に発揮される。その源の心構えを説いている。おまじないのようだが、たいへん実際的な指摘だと思う。

珈琲ができた。ご一緒に、ゆっくり一篇ずつお付き合いいただきたい。

徒花

「舞台は、それまでの稽古の徒花《あだばな》のようなもの」

あるベテランの先生がおっしゃった。

徒花とは、咲いても実をむすばない花のこと。むだ花ともいう。そこから、実をともなわない物事や、予測される結果をともなわずに終わることも指す。

何か会議の雑談だったろうか。稽古論のような話になって、そこでその先生は「徒花」ということばを口にされたのだった。

私は小さな、しかし消えない違和感にとまどった。

舞台は日常とは異なる、ハレの場である。演者はその日のために稽古を積み重ね、体調をととのえ、観客に最上のパフォーマンスを披露すべく努める。舞台人は、その一期一会のために日々を丁寧に過ごす。そう信じて疑わなかった。

だから、舞台が稽古の徒花というのは前代未聞で、まるで言語の通じない国に一人放りこまれたような心地がした。

実をむすばぬ花、これが稽古の結実でよいのだろうか。稽古はもちろん欠かせないものだが、当日の舞台で十分な表現が発揮できなくてもよいということか。稽古と本番の天秤はどちらに傾くべきか。玄人の舞台人ならば、実のある花を咲かせてこそではないのか。

釈然とせずうまく真意がつかめないまま、ほとんど反発の感情を抱いて終わった。

その先生は、いつも能楽師としての心構えなどを教えてくださる方だった。この解けない疑念は、禅の公案を与えられたような気分で、ずっと心にわだかまり、不穏な塊として居座りつづけた。

世の中が新型コロナウイルスに染まり、舞台が皆無となった有閑の春。公演に追われ押し流されていく日々は遠くなって、ほとんどを家で過ごす生活がやってきた。

能楽師は、謡《うたい》を覚えるのが仕事の大半のようなものだ。謡は一曲の台本であり、歌謡であり、神仏への祈りのことばである。謡う人も舞う人も囃《はや》す人も、まずは謡を覚えることからはじまる。そこへ動きを合わせたり、音色や掛け声を添えたり、演じ手の思いをのせて曲をつくる。謡は能のもっとも重要な柱であり、謡が堪能であればあるほど、その舞台の世界は深化していく。

覚えものにあくせくする日課が消え、やれ安心するような、さびしいような、複雑な心境だった。

せっかくできた時間だからと、無精な自分が柄にもなく、とくに出演予定のない曲や一度取り組んでみたかった曲を気の向くままに稽古してみた。

そんな稽古のなかで、気がつくことがあった。

まず、謡を稽古すると、とても心が落ち着いた。謡は、肚《はら》の底から息を押し出し、それをことばに変換してアウトプットする行為である。のどを使って美しく歌うというより、肚と身体の息の振動、全身を包む空間への波動というほうが近い。

肚から上半身、のど、口とつながる体内の縦の空洞、自分の身体の中心軸に息を貫くことは、各部の細胞が目覚め、活性化し、謡の息の詰めひらきに身体全体が参加する感覚がある。息の運動なので、新陳代謝も促されていると思う。身体のあちこちに新しい酸素が送られる。スポーツと似ている。

能楽師は当人が世間の年齢よりも若く見られる。第一線の若々しい先生でじつは還暦や古稀《こき》を超えた方はたくさんいるし、若手でさえ、十歳くらいは若く見立てられる。息を使う運動を日常としている職種だからだろう。

身体に息を通す。まるで窓を開けて部屋にさわやかな風を送りこむような、身体全体が新鮮な感覚となって、心が軽くなり、気持ちがいい。

そもそも、謡というのは楽しいものだ。ことばの錦があやなす美しい詞章、調和した響き、それらの情景や心情を豊かにいろどる謡の節。聴く者はもちろん、謡う者までもがその曲の世界に引きこまれる陶酔の仕掛けがある。

謡は能楽師だけのものではなく、昔から広く愛好されてきた。江戸時代には全国で謡曲が隆盛した。カラオケ文化のはしりである。もっとも私たち玄人は趣味を楽しむわけではないから、自分の芸域を押し広げる加圧トレーニングのように、一定の負荷をともなうしんどい稽古ではあるが。

このコロナ禍の稽古は、来たるべき舞台のための準備であり、そのことが、自分に静かな安心を与えているらしいことに気がついた。

はてしない能の芸道を、牛のように遅くとも一歩ずつ前進していく。大きな目標に向かって、しかと取り組むことの手ごたえ。自分の芸を育て、引き出しをたくさんつくる営みさえつづけていれば、長い道のりでやまない雨などないのだから、いつか訪れる舞台の充実につなげられる。目下には見えない、そういう不思議な信念が生まれた。

そのおかげで、コロナ禍で舞台がないことへの焦燥はいくぶん減った。いままでは当然のように控えていた舞台の予定がカレンダーから消えてしまったが、能楽師の仕事というものが本来、自分の腕を磨き、稽古をすることであるのならば、黙々と、日々せっせと稽古をすればよい。むしろ公演がないだけで、能楽師としてやることはふだんとあまり変わらない。そのようにさえ考えられた。まずは稽古をすればよいのだ。

これは観念として頭でとらえるというより、身体で得た、確かな納得であった。

ふと、あの先生のことばが頭に浮かんだ。

「舞台は、それまでの稽古の徒花のようなもの」

師匠から授かった芸を磨き、後世に伝えていくのが使命であるなら、ふだんの舞台公演がなくなって浮き足立つより、日々の稽古をつづけていくことのほうが大事で、むしろ本義なのかもしれない。

もちろん舞台でしか培えない感覚は、厳然としてあると思う。しかし、その舞台のためだけの稽古よりも、もっと大事なことがある。

徒花ということばが、肚のなかで疼《うず》いた。

この非常時に、あの不思議な塊に近づけるとは、思いもよらないことだった。

稽古ということ

稽古とは、どういうことばだろうか。

辞書を引くと「稽古」の原義は、じつは練習という意味よりも、「古《いにしえ》を稽《かんが》える」ということにある。古事をかんがえ、物事のかつてのありかたと、これからのあるべき姿を正確に知る。古きを知って新しきを知る。それがこのことばのルーツだ。

「稽」という漢字には、はかる、かんがえるという意があり、それは引きくらべることでもある。昔のことを吟味しつつ、現代・いまと引き合わせて考える行為を「稽古」というのである。

「稽」のケイという音によせて、頭を地につけ敬礼する意をもふくむようになった。中国語や漢字でよくある、同音異義語を相通させるならいである。古風な手紙に見る「稽首」という書きとめことばも、もとは仏語ながら、恭《うやうや》しく礼をするという挨拶だ。

この音の引き合わせ、偶然ではあろうが、必然のようなめぐり合わせを感じる。ものを知ろうと思ったら、まずはそのことについて書物や資料で調べる。過去にどのような流れをたどっていたのか歴史を知る。経験者や有識者を探し訪ねて、教えを乞う。

教えを乞おうと思ったら、頭を下げ、礼を尽くさなくてはならない。駅までの道を教えろ、と恫喝して案内を迫る人はいない。教えてください、が常識の態度である。大切なことがらならば、なおのこと。当然の理《ことわり》だ。

本や資料を調べるのにも、同じ摂理があると思う。

本には筆者がいて、丁寧な装いを施した人がいて、それを守り伝えた人がいる。たとえテクストが作者の手から離れたとはいっても、不遜な態度でのぞんで、その本は雄弁に知を授けてくれるものだろうか。文楽で太夫《たゆう》が床本《ゆかぼん》（詞章の本）を押しいただく、茶道で一服の前に茶碗を押しいただく、あるいは鏡の間でシテが面《おもて》をかける前に押しいただく。みな同じ精神ではないか。

謡や型の稽古でも、それが継承されてきたかたちに真正面から向き合わなければ、そこにねむる内容、教えや思想を汲みとることはできないように思う。中途半端な稽古で、新しい知見は得られない。

稽古という「古を稽える」おこないは、単純な反復練習とは一線を画す。

極端ないいかたをすれば、稽古は、本番のための準備ではない。すべての稽古は本番である。

畏友、プロジャグラーの酒田しんごさんが面白いことを教えてくれた。

ジャグリングの練習は、人それぞれにスタイルがあるものの、一つの大技にこだわって何時間も反復練習するということをしないほうがよいという。同じ技を過度に繰り返さず、一回成功したら次に移る。何かがうまくいかなければ、そこでやめて次に移る。筋肉を疲れさせないように、頻繁に道具・スタイル・テクニックを変え、パターンが崩れるまで投げることはせず、最後にきれいにキャッチして終わる。成功率が八割くらいの技を重点的に練習する。

そのかわり、一年三六五日、毎日少しずつ練習をする。いきなり難しい技には挑戦せず、丁寧に段階をふんで、成功を積み重ねていく。「失敗は成功のもと」というが、失敗ばかりすると、ただただ悪い癖がつく。最小限の失敗からどれだけ多くを学び、最短距離で成功に導くか。そういうことらしい。

分野によって違いはあれど、どの芸能も、根は通底しているのではないか。

稽古にもいろいろな段階があるが、練習のつもりの練習によいことはなく、稽古でも本番のつもりで、いや本番として、集中して打ちこむ。だらだら繰り返さず、少しずつ丁寧に積み重ねる。一夜漬けやうっちゃりの稽古に果実は少なく、かえって悪癖や怪我につながる。

ある先生の稽古で、こんな指導を受けたこともあった。

玄人ならば、間違うということがあってはいけない。それにしても、人間であるのだから、失敗はある。でもここでいちばん大事なのは、そこで間違ってしまったということよりも、そこにいたるまでにどういう稽古をしてきたか、ということだ。地道にじゅうぶんに稽古を積み、たまたま舞台でミスをしてしまうのは仕方がない。むしろ、本番へ間に合わせたような稽古をしてくるほうが、たとえミスがなかったとしても、前者よりよほど具合が悪い。

目から鱗だった。稽古とはこういうものかと思った。

結果を追い求めてしまうのが人間の性だが、過程にこそ大事なものがあり、それを丁寧に見つめるということ。無難な、間に合わせの舞台ばかりを重ねると、自分でも気がつかないうちに見かけ倒しの舞台、はりぼての芸となって、芸道の本筋から外れてしまう。大局的に見て小さなミスを犯すことよりも、その道の歩みかたを誤るほうが致命的であるということだ。

新型コロナウイルスによって舞台が奪われ、能楽師も厳しい時節をむかえてはいるが、むしろ舞台がなくとも稽古は重ねるという本義を廃れさせてはいけない。

それが、先人からの伝承のリレーに与《あずか》る者の責任というものだろう。

舞台への道

学生のとき、シテ方観世流の片山慶次郎先生にこんなことを教わった。

公演の企画で「この曲をお願いします」と依頼されて、わかりましたと、近い曲であれば明日にでもすぐ勤めることはできる。でもやはり、こういうもんはある程度前から話を聞いておいて、心構えをじっくりこしらえて舞台を勤めるもんや。

能会でよく上演され演者も勤め慣れている曲を「近い曲」、あまり上演されずなかなか手を焼く曲を「遠い曲」という。私たち能楽師にとって、たとえば《羽衣》や《猩々《しょうじょう》》といった近い曲ならばいますぐにでも勤めることができる。

慶次郎先生は、江戸時代から禁裏御能《きんりごのう》を勤めた片山家の重鎮で、兄が片山幽雪《ゆうせつ》先生（九世片山九郎右衛門）、母が京舞《きょうまい》井上流の四世井上八千代師（井上愛子）という芸能一家だ。私が京都大学観世会に入部したときから顧問として指導をいただいていた。その先生ほどの大家であれば、多くの曲はいつでもパパッと勤め上げられそうな気がした。私でも手慣れたレパートリーはあるのだから、近い曲ならなんでもないだろうと、少し意外に思った。

あれから何年か経った。私も多少舞台の経験を積ませてもらって、いまは先生のことばの意味がよくわかる。

能楽師が、すぐに引き出せるレパートリーを用意しておくのは当然のことだ。江戸時代には、貴人からのお召しですぐさま演能にとりかかることもあったらしい。戦に備えを怠らぬ武士のように、能役者はつねに腕を磨いていた。

いっぽうで、よいものをつくる、よい舞台を勤めようと思えば、前々からその公演に向けて心を整える必要がある。それには、どうしても時間が要る。

時間をおくというのは、地味だけれど、大事なことだ。料理もワインも素材を寝かせないと、うまみが出ない。稽古のような能動的な時間とはべつに、受動的な時間を過ごす。ただただ、時間をおく。

時間をおけるということは、豊かなことである。効率だけを考えるのなら、短い時間で、できるだけ大きな成果を達成するのが望ましい。それで済むこともある。でも、その舞台の内容を充実させようと思ったら、やはり時間が欠かせない。ある公演が決まったとなれば、何をするということはなくても、日常の生活のなかで、頭はその舞台のことをいつも考えている。具体的な謡い方や動き方のシミュレーションはもちろん、休暇やほとんど無意識のときも、身体はずっとそのことに反応しつづけているものである。ふとしたときに、まったく関係のない出来事と、その曲とがどこかでつながって、思わぬヒントになったりする。

意識上下で身体は何度も舞台を想像しているのだろう。

いま「想像」ということばについて、多くの人は、立った舞台から見える景色などを思い浮かべたのではないだろうか。「目を閉じて想像してください」というフレーズが象徴するように、視覚というのは人間にとって大きな情報源である。しかし、舞台は身体芸術だ。身体器官のすべてを使って、五感で伝える。視覚はもとより、耳で聴いた音、鼻でつかまえた匂い、足裏の舞台板の触感、客席からの重く熱い呼吸まで、それら全部が材料となり、道具となる。熟達した舞台人は、自分のあらゆる感性を自在に表現につなげることができる。
その「仕入れ」は、一昼夜で事終わるものではない。

毎年夏に、能楽協会と京都市・京都芸術センターが協力した、子どものための夏休み能楽体験教室があった。大江能楽堂での発表会に向けて、京都芸術センターで夏休みに連日稽古をする。いままで《紅葉狩》や《大蛇《おろち》》など、シテとワキで戦う内容の仕舞《しまい》（謡で短く舞う）を担当してきた。

きちんと教えただけ吸収する子どもたちの指導は楽しい。体力がいるし気が抜けないけれど、指導のうちに子どもへの思い入れも深くなって、本番の舞台を見届けると、感慨もひとしおになる。

ある年の、たしか小学校低学年の子が、舞台を勤め終わって楽屋に帰ってくるなり、「先生、お舞台一瞬で終わったわ〜！」と興奮気味に感想をほとばしらせた。

そうなのだ。舞台とは、それまでどれだけ長く稽古をしてきても、本番はその一度かぎり。夏の花火のような、さびしくもあり、だからこそまぶしく輝く時間でもある。

子どもながらに、そのなんともいえない舞台の感覚を、素直に身体で味わってくれた。舞台というもののはかなさ、かけがえのなさ。人のいのちと通じることかもしれない。

あの子の興奮した笑顔を思い出すたび、繰り返した稽古をぶつけられる本番は一度きりしかなく、その一度きりが幾重にも積み重なって形成されたのが舞台感覚というものだと知る。

時間をかけて、ゆっくりと自分のなかに染みこませた舞台の感覚。そこから匂い立つようなもの。もし自分にもそういうものがあるのなら、舞台が遠くなった日々で、かろうじてつなぎとめられていたさまざまな感覚が密かに失われることを危惧する。

そのなまなましさ、自分でも把握しきれないあらゆる感性のうすらぎは、目に見えない、外形化や数値化できないものだからこそ、深刻だ。

まさに恐るべき「緊急事態」である。

職人肌な人びと

舞台前のスイッチというものがある。

楽屋で雑多な話題におよんでいても、ひとたび舞台に上がれば、きっちり仕事をする。その切り替えが人それぞれで面白い。鮮やかで、凄腕の職人のようだ。能楽師は、芸術家というより、職人肌の人が多いように思う。舞台に対して真摯に、粛々と、一つひとつ無事に勤め上げる。

ふだんはやわらかい物腰の人も、舞台に出れば、まず顔が引き締まる。穏やかな表情のままに見えて、次々に鋭いわざを繰り出し、場を圧倒する人もある。それもまた面白い。

舞台は信頼でできている。主演であり、催し主でもあるシテ方が、この人にという三役《さんやく》（ワキ方・狂言方・囃子方《はやしかた》）を頼み、配役する。皆が集まって舞台で合わせる申合《もうしあわせ》を一度済ませたら、あとは本番を待つのみとなる。

能の公演は一回きりである。歌舞伎や文楽、現代演劇のように、ある期間同じ演目をロングランするということはない。後にも先にも一回公演かぎり。文字どおりの一期一会だ。

ほかの演劇では、長く劇場や稽古場に通い、台本を読み合わせ、演者同士で時間を共有しながら舞台をつくっていくのだという。そういうものらしい。能は、演者が風のように集い、また風のように去っていく。その一期の集いが、濃い。

能楽師は書生制度で育てられるから職人気質なのだろうか。いかに仕込んで舞台にのぞんでいるかなど、演者同士、ことばには出さない。口にはしないけれども、お互いが信頼し合っている。そこが美学だ。直接舞台のうえでぶつかる。

職人のかっこよさは、私が能楽師になりたいと思った強い動機の一つである。見えないところで努力する。訓練や工夫をこれ見よがしではなく、当たり前のこととして引き受け、淡々と、責任をもって。

どれほどやったか、いかに苦労したか、どんなにすごいかをアピールするのが主流になりつつある世の中では、この職人の生きざまは、もはや絶滅危惧種かもしれない。そういう生き方の人びとがかつては多かったはずなのだが、社会の体力が衰えてきたのか、見えないことが存在しないことと同義のように扱われるようになってしまった。

日本画家の上村松園《しょうえん》はこんなことを書いている。


私は大てい女性の絵ばかり描いている。

しかし、女性は美しければよい、という気持ちで描いたことは一度もない。

一点の卑俗なところもなく、清澄な感じのする香高い珠玉のような絵こそ私の念願とするところのものである。

その絵を見ていると邪念の起こらない、またよこしまな心をもっている人でも、その絵に感化されて邪念が清められる……といった絵こそ私の願うところのものである。

芸術を以て人を済度する。

これ位の自負を画家はもつべきである。
よい人間でなければよい芸術は生まれない。
これは絵でも文学でも、その他の芸術家全体にいえる言葉である。
よい芸術を生んでいる芸術家に、悪い人は古来一人もいない。
みなそれぞれ人格の高い人ばかりである。
真・善・美の極致に達した本格的な美人画を描きたい。

——上村松園『青眉抄・青眉抄その後』「棲霞軒雑記」求龍堂

職人が持つわざ。そしてその持ち主。両者に相関があるかないか、古来議論のあるところだ。

人間的にどうしようもない作家が、余人の及ばぬ美しい文章や絵をつくり出す。ときどき耳にする話である。ただこの松園の発言もよくわかる。この人ならではのこのわざと、思わず膝を叩く経験は誰しもあるのではないか。気高さが、その人と、作品・パフォーマンスとに現れ出づる。そういうことはあると思う。

能の場合はどうか。

師匠の谷田宗二朗先生は、「ワキは人柄」、そうおっしゃっていた。

役者の演技と私生活は別物のようだが、ことに能楽では、両者はリンクしやすいのだろうか。ワキ方は直面《ひためん》で顔をさらすから、面《おもて》をかけるシテ方よりそういうところがあるかもしれない。

能を、人格論とは分離した徹底的な技術論で語る楽師はいるし、それで堂々とした舞台をする人も知っている。しかし、その演者全面の人間性が舞台に付託されて能になるという考え方が、やはり根強い。

かくてなお、私は真善美の舞台にあこがれる。

型について

自由な自己表現をいったん否定し、型に自分をはめこんでいく能の修業。型に没入することで、かえってその人の個性が噴出するというためしが多いのは興味深い。自分の弱いところ、苦手なところが表面化するのも、型や、舞台の怖いところだ。

たとえば、「シカケ（サシコミ）」という型がある。左足から前進しながら、扇を持った右手をだんだんと前に上げ、数足出て、右足で止まる。何か対象物を指すこともあるし、人物の思いを遠く向こうへ飛ばす、あるいは一曲の世界観をまるごと抽象させるということもある。非常に汎用性が高く、頻出の型だ。

やりようを見ていると、同じ型どころであっても、演者によって十人十色である。なるほど、この曲のこの部分をこのように解釈したか、とシカケ一つに唸ることもある。

なぜ同じ動きの所作・型が、人によって多様に見えるのか。

思えば簡単なことだ。「同じ動き」ということばに惑わされるが、演者はそれぞれ一人ひとり、体格も手足の長さも違う。動きも、どのようなノリで腕を前に出すのか、どのような呼吸で歩みを進めるのか、指す腕の高さは胸の前か、高く目線の先か、低く腹の前か。これらによって表現されるものが劇的に変わる。

型という決められた動きを通じて、その人の思いが空間に広がりあふれる。型には、そんなシンプルで骨太の豊かさがある。

面《おもて》にも同じことがいえる。

ふつう仮面劇では、自分以外の存在になるために、人間の一番の表現ツールである顔を覆うことで、役者は別のペルソナを獲得する。しかし能の場合、面をして素顔を隠すと、演者の内面が逆にあらわになるということがある。

厳しい制約は、不自由と無個性をもたらすと思われがちだが、面をかけると、不思議と演者の個性が強く匂い立つ。

（略）しかし、それだからこそ、面をかけると演者は自分の内側に自分を入りこませることが可能になる。自分を、日常的な世界から飛躍した場所に持っていく手立てとなるのである。自分が小さな自分でなく、舞台も現実の虚構ではなく、ちがう次元のひとつの宇宙での実在感を持てそうになれるのである。

――『観世寿夫著作集二　仮面の演技』「面と能の演技」平凡社

昭和の巨人、観世寿夫《ひさお》の言である。制約や規矩によって、彼が彼自身の内面に深く還っていく。大幅に制限された視界で心身が芯に集中する。私も脇座に座っていて、面をしたシテ方のその人らしさといったら、ない。ドラマや映画で、能面をした別人物がアリバイとなるサスペンスをしばしば見かけるが、ほんとうは無稽だ。

演者の内面に入っていくのが能の芸の質ならば、究極、その人の生き方が問われるようなところがある。自分はどういうわざを目指していくべきだろう。

凄技を繰り出すのが舞台人のつとめだ。ただそれは、目も覚めるようなスペクタクルの技を連発するということだけではなくて、大岩から滲み出る清水のような、あるいは春の遠山にかかる朝霞のような、輪郭がそれとわからないけれど確かにそこにはあって、舞台を支え、気がつけば全体の柱となっていたことを後々思い返すような、そういうわざこそが真の凄技なのだと思う。ことにワキ方は、そちらのわざが求められる。

それを折り目ただしく勤められる演者になりたい。

時節の感に当たること

ピアニストが、演奏前に軽快なトークを弾ませている。ではそろそろ曲の披露をと、ピアノの前に座り、鍵盤に手をかざす。くだけた雰囲気から、一気に空気が集中する。

能も、ワキが出てきて、その人が発する最初の謡《うたい》を、観客は固唾をのんで待っている。

謡のことばや質感で、おおよそのことが伝わってしまう。その人のまとう空気、生活の背景、歩んできた人生のようなものが声に滲み出る。

囃子方《はやしかた》が橋掛《はしがかり》を歩み、地謡《じうたい》が切戸口《きりどぐち》から登場する。着座して整うと、囃子方が出囃子を奏する。グッと舞台が非日常に引きこまれる。高音の切り裂くような笛のヒシギは異次元への扉だ。第一段階。

やおら下手《しもて》の幕が開き、役者が登場する。はじめての演技である。これが第二段階。囃子方の音にうまく乗って登場できるかどうかが成功のカギだ。

舞台に入り、いよいよはじめの謡を謡い出す。第三段階、プロローグの仕上げ。名ノリ、次第《しだい》、一声《いっせい》、いろいろなパターンがあるが、いずれも謡、ことばであることに違いはない。

世阿弥は『花鏡』で、さあ声を出すぞ出すぞと諸人一同が待ち受けているところのすかさずに声を出すのを、「時節感当」と名づけて大事にしている。能舞台にことばがはじめて生まれる瞬間。それはちょっとした「事件」だと私は思っている。

ピアノの第一音が生み出される瞬間を観察していると、弾き出し前のうねりのようなもの、アクションまでの呼吸が大事ではないかといつも思う。音が生まれる前、生成以前の肚《はら》づもりだ。どの奏者を見ても、楽曲に突入する一瞬前の息、それをしっかりつくって口火を切っている。見えないけれど、その呼吸があって、その音が出ている。

能では、その見えない肚づもりを「コミ」という。おなかで「ん」「む」と力を入れて、次のアクションの息をためること。能舞台には指揮者がいないから、互いの間《ま》を察知するには、このコミをつかめるかどうか、息の流れをとらえられるかどうかで決まってくる。

観客からするとそのコミや息は、直接には見えない。しかし舞台上でそれらがうまく合致してなめらかに進行していると、無意識に観客の息づかいも同調してきて、呼吸が合い、気持ちのよい舞台になる。舞台の呼吸と客席の呼吸とが互いに触発し合って、さらに大きなうねりを呼ぶ。そうして、舞台の上に「なにか」が現れる。

息やコミを感知するということは、ある意味、目に見えないものを恃《たの》み、信じることである。きちんと稽古を受けた者、舞台の経験を正当に積んだ者は、それを感じることができる。見えないけれども存在している。共鳴するか反発するかはプレイヤーに託されているが、重要なことは、それを感知できるかどうか。それがないと話ははじまらないし、文字どおり舞台に立てない。

はじめての緊急事態宣言では、舞台がまったくなくなり、稽古も一人でおこなうばかりだった。自分以外の誰かと合わせる稽古がなくなった。

能の見えないツボである、コミをとるということも、もし相手がいたらというイメージでいろいろ試してみるが、あらぬところから飛んでくるボールや、自分の想定をはるかに上回る強いボールを受ける稽古は、やはり自分以外の誰かと一緒にやってはじめて得られる経験である。

自分の想定というものは、たかが知れている。予想外の事態にいかに対処するか、その術を磨くのが稽古だ。その最たるものである師匠の稽古というのは、自分が思いもしなかったような方向からの指導、自分の思考のパラダイム外、その枠さえも壊してしまうような、高次の、メタの視点で教えを授かるから尊い。

幕からの出で立ちだけで曲のオーラをまとう達人たちは、そこにいたるまでにどのような稽古を積み、何代の先人たちの教えが集積され渦巻いているのか、思いを馳さずにはいられない。

能の第一声が重要とはいうものの、じつは、幕が開いてその登場人物が出てきた瞬間（「幕ばなれ」という）に、能楽堂の空気がピシッと決まることがある。物語の具体的なあらすじや人物関係がどうのこうのという前に、この曲にはこういう人びとが、こういう営みをしていて、こういう神霊がこれから現れるのだという予感まで、確かな骨組みを現出させてしまう。狂言ならば、幕から歩み出て、本人はふつうに橋掛を進んでいるだけのように見えるのに、もはや面白くて、どっぷり狂言に引きこまれている。そういう魔法のつかい手を、じっさいに能楽堂で何人か見てきた。

魔法はファンタジーのなかだけの話ではない。空気がガラリと変わり、夢の世界にいざなう場とわざが、能楽には伝わっている。

アシライ

能には謡い手と、それを囃《はや》す囃子方《はやしかた》がいる。

たいていは、七五調の詞章一行に対して、八拍子の囃子一クサリ（楽譜単位）がここでこう打つという手組みが決まっている。謡《うたい》の箇所によっては、謡と囃子の沿い方が一様ではないところがある。それを「見計らいのアシライ」という。見計らう、つまり見当をつけながらそのつど考える、見繕う、状況をよく斟酌《しんしゃく》するということである。

謡の詞章のこの部分に、この掛け声や打音を、というのが一通りに決まっておらず、囃子からいえば、打つ手単体は決まっているものの、どのようなノリ・テンポで奏し、謡に沿わせていくかは現場に委ねられている。

このアシライ、たいへんに難しい。

六五〇年以上の歴史を持つ能は、伝承の集積とて、どんなときも同じ決められた演技や演奏をするように思われているかもしれないが、じつは流儀や地域により演《や》りようがかなり違う。一般的に、関東は江戸前風、カラッとサラサラしていて、関西は濃厚、じっくりこっくりしているとされる。同じ曲なのに、東西で演能時間にずいぶん差が出ることもある。とくにアシライの部分は、謡と囃子の運びようの想定が、演者によって異なることも多い。

そんなときは舞台の自然な理で、経験の豊富な演者がその場を主導していきやすいが、本来的にいうなら、囃子方は謡にいろどりを添える立場だから、謡が軸であり、謡い手が心得て場をリードしていかなくてはならない。

アシライでは、囃子の大鼓《おおつづみ》と小鼓《こつづみ》は「コイ合《あい》三《み》ツ地《じ》」という手を打つ。たとえばある流儀は、大鼓が「ヤー、ハー」という掛け声につき一音、小鼓が「ホー、ヨー、ホー」という掛け声の間に三音、鼓を打つ。この大鼓と小鼓による一セットを基本とし、繰り返して、メインである謡を盛り上げていく。コイ合三ツ地は囃子のいちばんシンプルでベースとなる演奏である。

その一場面が終わりに近づくと、囃子は「ツヅケ」という手に移行する。少し専門的だが、大鼓は「ヤー、ハー、ヤー、ハー」という掛け声につき四音、小鼓は六音打つ間に「ヨー、ホ、ホ」と掛け声をかける。なるほど、コイ合三ツ地よりもツヅケのほうが一クサリにおける打音が多く、掛け声もにぎやかになっている。小段のクライマックスへと昂揚させている。

よくあるセクションのパターンは、シテとワキが会話を交わし、台詞の謡から「サシ」という少し節《ふし》のついた謡へと移り、盛り上がりが満潮となると、地謡《じうたい》の「上歌《あげうた》」になるケースである。オペラで喩えれば、人物の通常の会話が、高まるにつれ抑揚のついた台詞まわしとなり、台詞のコトバから謡のウタ、コーラスへと移行していくイメージだろうか。

ベースのコイ合三ツ地を何回繰り返すかは、とくに決まっていない。自分で謡を謡いながら、大鼓と小鼓の囃子を膝の上でかりそめに打っていくと、このあたりにこうはまって、そのあたりにそう収まるという、青写真が自然と浮かび上がる。一般の人には特殊能力のように見えるかもしれないが、詞章の構成、ことばの響き、節の形式によって、アシライのはまり具合、落ち着きどころがそれぞれに出てくるのだ。これが難しく面白い。

しかし、シテの謡の息づかい、そこにいたるまでの一曲の流れというのはその日によって変わるものだし、シテ方の流儀や囃子の流儀でも扱いに差があるので、まさにその場かぎりのライブによって、アシライのかたちは生まれ、定まっていく。

事前の自分の稽古で、およそのアシライを想定していくが、あまりがちがちのプランを決めこんでしまうと、ときに失敗する。青写真はあくまで青写真、現場はなまものだ。持っていきようの思いや計画は相手次第、同一演者で申合《もうしあわせ》と本番がまったく違う展開になることもある。

こちら謡い手としては、正確に、強い息で、スケール大きく謡うのが肝心であるように思う。そういうときに、しぜん結果がついてくることが多い気がする。

コイ合三ツ地とツヅケのはまりは、頭で計算するのではなく、身体で勘定して流れをつくる。

身体で反応して動くということは、イメージでいうなら、頭でシナプスをつなぐ作業の前に、身体に委ねて謡ってしまう感覚である。

ほんとうに流れに身を任せるのは、無の境地、無心で舞うということであり、考える以前、ほぼゼロ秒で動けることだ。自転車に乗るときいちいち操作は考えない。大小のアシライのノリを聞いてから、「ここにこの謡の詞章をはめよう」などと考えると遅れるし、頭で考えること自体、謡い手と囃し手がお見合いになる原因だ。稽古で謡を染みこませた身体に考えることを任せてしまい、その判断で謡うと、うまくいく。

ただし、それはとても怖いことだ。頭で判断せず身体に任せてしまうのだから、理知で検証できないし、いつのまにかあらぬ方向、たとえばほかの謡へ脱線してしまうかもしれない。厄介なことに、謡のレパートリーが多ければ多いほど、脱線の枝分かれは多岐におよぶ。

どうしても恐ろしいから、未熟な私はいまだに、頭で謡や囃子の想定を何度も確認しながら謡ってしまう。

名人の掛け合いをそばで聴いていると、さながら型の創出が連続する場に居合わせるような心地がする。これ以前、これ以後にも、「それ」しかなかったような感覚を覚える。

無心の境地で謡うにはやはり実戦経験、本番の舞台で、自分以外の他者と寄り集まって舞台をつくる共同作業がいちばんの栄養となる。舞台がたとえ稽古の徒《あだ》花《ばな》であったとしても、あのはかない桜を徒花とも異名するように、花は花、舞台人に滋養を与えてくれる無二の場が舞台であることも確かなのである。

モノとの対話

コロナ禍で外に出かけることが難しくなり、家のなかのものを眺める時間が増えた。いつも見ていた日常の風景。じっと眺めていると、ちょっと変わった表情が見えるようになった。昨日と同じはずの部屋のなかで、新しい気づきが起こる。自分の身体感覚がのび、知っているはずのモノ・トコロで新しい発見にたどりつく。知識ではなく、実感としてそれをとらえるということだ。環境を頭でとらえ、身体でとらえ、そして人生経験でとらえられるようになって、舞台人は表現に深みを増していく。

舞台で身体の存在を示すコツの一つに、「なるべく舞台のそばに居る」ということがあると思う。

コロナに覆われる少し前、能の普及活動で、小学校でのワークショップによく参加していた。文化庁の支援事業で、ふだん能を観る機会のない子どもたちに演能の出前をして、日本文化への理解を深めてもらう試みである。日本全国、数々の学校をめぐった。

公演では、体育館のステージを舞台として使う。ステージの幕横はあまりスペースがないので、演者が荷物を置いたり着替えたりする楽屋は会議室や音楽室に用意してもらうことが多かった。たいていそこは体育館と離れている。

装束を着《つ》けるシテとワキだけ、ステージ袖を楽屋にする。装束で長い距離を歩いてはせっかくの着付けが乱れるからだが、出番まで時間があれば、その別室の楽屋で待機したり、弁当や飲み物を呼ばれてもよい。

でも私はできるかぎり、なるべくステージの袖にあって、舞台との距離を縮めるようにしている。その場所と仲良くなりたいのだ。いわば、自分の身体感覚をその体育館の舞台に広げ、重ね合わせて交わらせる、境を紛らかす、とでもなるだろうか。

茶会前の茶室掃除に似ている。茶会を控えると、事前に茶室内外の掃除を念入りにするが、それはたんに部屋や建物の塵芥を払い清めるだけではなくて、自分の身体感覚を茶室全体に溶けこませていく、空間把握の範囲を丁寧にのばしていく作業でもある。

大学生のとき、茶道部で、多くの寺院の茶室を借りた。たまにお寺さんから、「うちは毎週清掃の手が入っていてじゅうぶんきれいだから、掃除は必要ありません」と断られそうになることがあった。

しかし掃除は、自分たちの都合があって、是非ともさせていただきたい行為なのである。自分たちの感覚をのばし磨くために、必要なことなのだ。その建物、空間と仲良くなってこそ、身体が茶室で十全に動き、よい茶席がおこなわれるのだと思う。

一度の掃除よりも、二度、三度のほうが望ましい。初対面の人よりも念入りに打ち合わせを重ねたパートナーのほうが円滑に進むのと同じだ。

能では、役者の装束は、演者がお互いに着付けをし合う。専門の着付師がいるわけではない。

私はいつもワキ方の装束を着付けるわけだが、そのとき、どうも今日はうまく着かない、という日がある。着ける役者の体型も着ける装束も毎回違うので、そのつど考え工夫するが、同じ役者に同じ装束を着けていても、なんだかうまく落ち着いてくれないのだ。あたかも装束が、今日は不機嫌でツンケンしている、拒絶反応をおこして突っぱねる、というような。

そういうときは、何か自分のなかで無理を押し通していることが多いものだが、ほんとうに、装束の機嫌が悪いとしかいいようのないときもある。

装束は昔からのものを守り伝えながら使うが、基本的には消耗する。そこで新しい装束を順次新調するのだが、たとえば旅僧のまとう水衣《みずごろも》なら、新調時、いままで使っていた水衣が急に弱り、あたかも「もう俺の役目は終わったのね」とでもの謂いか、ふと綻びがきたりする。

もちろん旧のものをなおざりにするなんてことはしないし、能装束は時を経るごとに色が落ち着き舞台に馴染むので、むしろ修繕しながら大切に使うのだが、若い世代への「嫉妬」のようなものを、モノが訴えてくるのだ。

モノと仲良く、というと眉につばを付けられてしまうかもしれないが、経験ではモノも生きているとしか思えない。こうしてモノと対話し、心を通わせ、芸能を勤めるのも能楽師の役目であるように思っている。

熊野　――見えない花を求めて

《熊野《ゆや》》という曲がある。名曲である。「熊野松風は米の飯」といわれるように、誰もが好きな曲、何度観ても米飯のように飽きない曲として知られている。

ときは平家全盛の時代。遠江国《とおとうみのくに》の女宿主の熊野（シテ）は、貴公子平宗盛《むねもり》（ワキ）に都へ留め置かれている。故郷の病気の母が心配な熊野であったが、折しも、遣いの朝顔（ツレ）が母の文を持ってくる。危篤だという。いたたまれず宗盛に帰参を申し出るが許されず、かえって東山の花見に同行せよと命じられる。平家御曹司の意向は絶対である。やむなくお供する熊野。花見車という華やかな作り物（舞台セット）が出て、一行は都大路を清水の観音堂へとおもむく。

舞台では、シテとワキが立ち並び、後ろに従者が控え、それぞれ牛車で進む態の場面となる。こういう「その態」というのが能には多い。舟に乗っているつもり、群衆に囲まれているつもり、空を飛んでいるつもり。謡《うたい》と型が組み合わさって、なるほどそう見えるから、能の表現は力強い。《熊野》でも、舞台に立つだけの人物たちをめぐって、牛車のせわしく進む音、往来の花見の人々、春爛漫に咲き誇る都の桜などがさまざまに思い浮かんで面白い。花見車は都の喧噪を縫いながら、春うららのいぶせき道をゆく。
その場面の上歌《あげうた》を紹介しよう。

四条五条の橋の上、四条五条の橋の上、
老若男女貴賤都鄙《きせんとひ》、色めく花衣、
袖を連ねて行末の、雲かと見えて八重一重、
咲く九重の花盛り、名に負ふ春の景色かな、
名に負ふ春の景色かな。

シテは花見車のなかで、向こうを見、斜めを見、といった型の動きしかない。でもそのわずかな型から、能舞台全体に花の都が広がっていく。この不思議な作

用には、地謡《じうたい》が重要な役割を果たす。

謡は、ことばである。質感、重み、匂いを持っている。言いよう、謡いようで変化する。さらに複数人の地謡が唱和（同吟）すると、そこには別なる空間が生まれる。

ことばは魔力を持つ。人びとが息を合わせて一斉に同じことばを唱えると、その空間が非日常になる。身近な経験もあると思う。選手宣誓でもお念仏でも、宴会の「ご唱和ください、乾杯！」でもかまわない。声を唱和するときに生まれる特別な空間、あの空気は、異界への扉なのである。

歌もそうだ。独唱でも存在は大きいが、複数人が合唱すると、気のうねりで異空間に包まれるような、空気の振動がその場に満ち、異空間にワープする。だから能では、謡がいちばん大事なのだと思う。能舞台の空間を、現実と虚構のはざまに置かなくてはならないのだから。

能の型の演技は、その謡の力とうまく連動するように、シンプルで必要最小限、濃く太く勁《つよ》い所作でできている。

シテが肚《はら》からの深い呼吸で、ぐぐっと右へ見渡せば、謡の描写とあいまって満開の桜がパアッと広がっていく。あるいはシテが視線を左へ移せば、花見に出かける人びとのにぎわいがありありと見え、ふと仰ぎ見れば、清水の観音堂がそびえて思わず仏に手を合わせる。

大きく激しくはない、微妙な濃厚な所作が、強いエネルギーを放って舞台中に拡散する。これも謡や能舞台の、異空間であればこその作用である。

ワキはシテの横に立って動かない。不動というのは、棒立ちなのとは違う。「立居《たちい》」という演技だ。地謡の描く世界を身体で受け、シテの演技を全身で横から受けとめる。気の抜けた立ち姿では何も表現できない。肚の深いところで芯を定め、華やかな謡を身体で受けながら立つのは、じつはなかなか骨が折れる。

稽古では、自分の限界のちょっと上のところを、力をこめて謡い、構える。自分の枠をつねに拡張しつづけ、強い表現を求めていく。しんどいことだが、若いうちから弱い表現に安住すると、年をとったとき、枝折れ幹は朽ちて見られたものではなくなる。老木に花を咲かせるために、いまから力の表現を積み重ねる。

舞台でシテと相対して、たとえばシテの「語リ」を見守っていると、やはりどの人も、ぎりぎりのところでたたかって謡っている。長台詞である語リは序破急の運びや抑揚、呼吸を保ちつづけるのが難しく、息が上がってとてもしんどい。しかしそれだけ聴かせどころだ。安易なもっていき方をしようと思えばできるが、心ある演者は、必ず、挑戦するほうに自分をもっていく。見苦しくない姿でできるまで稽古を積み、息を詰めて謡っている。しんどい道としんどくない道があったら、前者を選ぶのが舞台人ということである。

そういう肉迫のなかから、舞台に「能」が立ち現れてくるのだと思う。

新型コロナウイルスの猛威がやや収まり、手指の消毒や検温、観客情報の登録、客席の大幅な減数をもって、令和三年（二〇二一）の夏、能会が再スタートした。そしてある日、《熊野》のワキを勤めることがあった。

シテの花見車に並んで、平宗盛として脇座前に立つ。観客席が目前に懐かしく広がっている。だがいつもなら人気でいっぱいの正面席も市松模様、感染予防のための歯抜け席で、せっかくの舞台をその数しか観てもらえないのがとてもさびしい。

《熊野》のシテは、九重の都の桜を眺めても、母のことが気がかりで、花見を楽しむ心境ではない。また彼女を連れ出す宗盛も、お気に入りの女性を侍《はべ》らせるわがままな権力者のようで、その姿の陰には、平家に忍び寄る斜陽を脇目に最後やもしれぬ満開の桜を楽しみたかった、と解する人もいる。春爛漫の花を前に、それぞれの人の心中は色違いで、それぞれの思惑や人生が、複雑に交差する。

花見は、無邪気に晴やかな桜を謳歌するだけのものではない。物憂い春の慕情、人の世のあわれが、薄い刷毛でサッと引かれた絵巻物のような風情こそ、能や古典で描かれてきた桜で、日本文化の粋である。

コロナ禍にも桜は咲いていた。しかし、それを眺める人びとの姿が見えなかった。

西行法師は、「花見にと群れつつ人の来るのみぞあたら桜のとがにはありける」(花見に人びとがやって来ることだけは、独りで居たい自分にとって、惜しむべき桜の罪だよ)

と詠ったが、この歌とて、桜をめぐる人びとへのまなざしがあってこそ、花と人間が共生する姿がなくては、なんともさびしくむなしい。

失われた花を求めて、それぞれに心の花を見つめた《熊野》だった。

第三章　雨読

目には見えないもの

コロナで舞台がなくなったとき、家の整理や稽古のほかに、本を読んでいた。読みたい本はいつもたくさんあるのだが、日々に追われてなかなか読めない。いや、忙しい人ほど諸用の合間をじょうずに縫って読んでいる。自分はどうも舞台が後ろに控えていると、あれを覚えないとか、これを整理しないとか、焦燥に背中からにらまれて、落ち着いて読書する気になれない。

この「コロナ暇《か》」は思いきり本を読める格好の機会だった。

読書の面白いのは、著者が、時間や空間を超えて自分と同じ地平に立ち並び、対話を引き受けてくれることだ。

じっさいに著者に話を聞こうと思ったら、アポイントをとって手土産を用意して、それはもう骨の折れることだ。ましてや著者の心奥にダイブして大切な何かを汲み上げるなんて、そんな一大事業、簡単には実現しない。

しかし本は、それを惜しげもなく伝えてくれる。その日その場所に立ち現れては消える時間芸術に携わる身にとって、本の力はうらやましい。書きものに秘められた静かなエネルギーに敬意を表しつつ、何かを感取して思いを馳せたい。ふだんの読書ではこのようなことを、うかつにもあまり思わなかった。じっと家に籠もる日々で学んだ、本の素晴らしさだった。

花士《はなのふ》、珠寶《しゅほう》さんの『一本草』には、はじめて緊急事態宣言が出たころの春に出会った。

花士というのは、花に仕える者、という義だそうだ。

珠寶さんとは、平成二十九年（二〇一七）、下鴨神社での《安達原《あだちがはら》》で能と花の共演でお会いして以来、シテ方観世流の林宗一郎さんとともに、ありがたい交誼《こうぎ》をむすんでいる。有斐斎弘道館の事業でもご一緒した。

珠寶さんは、いけ花のなかでも、古式に則った「立花《たてはな》」、花を立てるという様式で空間をしつらう。鋭く静かな花だ。作品というより、そこに立つ花、という表現が合う。粉飾をそぎ落としたシンプルなありようは、能とも通じる格式や美しさを感じる。

いつも珠寶さんにお会いすると、ほんとうに穏やかで、包みこむような大きさに心がほどける。おもてには出さないが、強く太い芯を、身体のうちに秘めている。巫女さんのような媒介者の雰囲気も感じる。ときどきおちゃめである。

自粛期間中にぼんやりと考え、ことばに留めてみたいと思った舞台での知見や経験が、ほとんどこの珠寶さんの本に結実していた。実直なことばがあった。そのいちいちに共感し、感動した。


花は生きています。

花をいけたりたてたりするときも、できるだけ素早く仕事をする方が、花を弱らせずにすむのかと思います。いけるとき、ああでもない、こうでもない、ああしたい、こうしたいと、何時間も触ってなぶりものにするのでは、花がかわいそうです。自分がそうされていると想像してみてください。（中略）

わたしも、献花の時間は、あっという間に終わります。ですが、依頼を受けてから、その当日を迎えるまで、ずっとその日のことをイメージして過ごしています。そして当日を迎え、花瓶の前に座った時点で、花をいける前にほとんどのことが終わっているのです。

——珠寶『一本草』「時間の錯覚」徳間書店

珠寶さんは、教室の生徒さんたちに「三十分で今日の花はできますよ」と言う。お稽古時間が一時間なら、多くの人はその時間をめいっぱい花を触ることに使おうとするらしい。「行為と成果を時間という物差しで評価してしまう。十五分かけたものより三十分かけたものの方に価値があり、一時間かけた方がもっと価値がある、という錯覚です」。

一分一秒は、誰もに等しく与えられたものだが、その内実まで均一というわけではない。その錯覚が、物差しの使い方をあやまらせる。

もし物差しをあてがうのなら、表面にあらわれる時間だけではなく、見えない水面下のはたらきも勘定に入れて、はじめて評価ができるだろう。そして、本番にいたるまでのさまざまな準備、訓練、心づくしに接して、推計し、ひいては「人生すべては修業」という理にいたるとき、その物差しはもはや馬鹿らしくなって放り出される。

すべてがプライスレスでは社会はまわらないから、私たちは共通理解である「時間」や「お金」という物差しを、やむなくそこにあるわざにあてがう。すごいわざというのは、仕事の時間は一瞬でも、そこにいたるまでの道のりが長く深い。一瞬にかける濃密な時間を見つめれば、相当の技術と長い鍛錬の欠かせないことがわかる。あるいは、そんな度量衡の升からこぼれ落ちるほどの、圧倒的な天賦の才に嘆息する。私たちはみな、それを感じることができる。

「花がかわいそうです」ということばに、ハッとする。人間社会の便宜である数値や単位はわかりやすく便利で、慣れしたしんでいるが、独り歩きして花がおいてけぼりになっている姿を想像してしまった。

舞台とその記録物でも、思うことがある。

映像だけを見て、謡《うたい》や型を真似し芸をつくるということは、たいへん危険だ。舞台はいつもなまものであり、その場の気韻からさまざまな要因が出来《しゅったい》して一つの結晶になる。違う風が流れれば違うかたちが生じる。その風を感取し表現する術を教わるのが師の稽古であり、それなくしては芸たりえない。稽古を受けて映像を参照するのはまだしも、映像をもって稽古と同じくするのは、浅見だ。映像だけでは、その場で仕方なく対処した術が堂々の正攻法として誤伝されることもあるだろう。記録はミスや誤謬を伝える恐ろしさも持っている。

見える部分というのは、わかりやすくもあり、あやまりやすい。目に見えるものが価値あるもの、可視化できないものは存在しないのと同じ、という価値観をひしひしと感じる。でも、それはただしいのか。「成果主義を導入すればよい」という意見にいつも思う。一つの仕事を達成していくなかで、前線を支えるはたらきをする人、ちょっと仕事場にゴミが落ちていたら拾う人、さりげない会話の気遣いができる人、一緒にいるとなんとなく愉快な人、そういう環境づくりに間接的に貢献するようなはたらきも、成果主義は評価の責任を果たせるだろうか。事業達成のための補給・兵站《へいたん》戦略は見えているだろうか。

人を評価するのは難しい。

目に見える成果や数値、その物差しに頼ってしまうのは、人の、モノやヒトを見る目が弱っていることと不可分ではない。

「見る目がない」ということばを引くまでもなく、舞台裏ばかり雄弁に語る言説、荒唐無稽な陰謀論、内輪でしか通用しない楽屋落ちのようなものたちが、世の中にあふれている。

演能後の交流会で初対面の人と話していると、能楽業界の裏話や人間関係、そういう「人の知らないだろう」ところの、じつは「みんな意外と知っている」陳腐な話に終始されて、辟易《へきえき》することがある。肝心の、舞台に関する批評や表現論という真正面からのストレートボールを投げてくれる人は、案外少ないものだ。

海外公演のレセプションでは、あの場面のこの演技が印象的だったとか、それを見て自分はどう考えたとか、舞台表現としてどういう意味や歴史があるのかとか、それぞれ自分の鑑賞眼をオープンにしてこちらにかかってくる。通《つう》ぶって逃げ隠れせず、堂々と自前の審美眼で対峙してくれる。油断すると圧倒される。私も知っていること、思うことを存分に話して楽しむようにしている。

自分の目や舌に自信がないと、蘊蓄《うんちく》や周縁の知識に寄りかかってしまうかもしれない。ヒトやモノを確かに見、味わうことは、自分の評価軸を不断に点検し、対象の内部へ迫ることで達成される。つまりはその人が、どういう人生を送っているか、豊かな生き方をしているかどうかということになるのだと思う。

環境を変えるか、自分自身の心を変えるか

ご無沙汰している本というものがある。

世間が新型コロナに巻きこまれる前、たまたま訪れた東京の幼なじみの建築オフィスの本棚で、その黄色い背表紙を見つけた。シンプルな活字とインク字にとても懐かしくなったのを思い出し、ひさびさに再読してみた。

平成十九年（二〇〇七）に出た本だ。もう十五年は経つ。

ページをめくっていくと、著者の力強い筆運びに、胸がすく思いがする。コロナ禍では理不尽な思いに鬱々としていたから、このすがすがしさが、よけいに健康的に映った。

著者の分析は、最新の、詳細な研究に照らせば反論できる部分もあるのだろう。でもそれを上回って、まずは彼の日本文化をめぐる冒険を見守ってみようという信用があった。文章に織りこめられた教養、ことばの密度や濃度が違った。

『日本文化における時間と空間』は題名のとおり、日本文化の特徴について、時間と空間という二つの観点から分析を進めている。西洋と東洋の比較によって、もののとらえ方や価値観の違いが周到な論旨から鮮やかに浮かび上がる。概念をぼんやりと把握するのではなく、具体的で適切な事象や芸術作品から突破口をつかみ、文化比較を試みている。加藤の論を目新しさがなく「平凡」と見るのは、その地力を見損じていると思う。

「外界」に起ることとの大きな部分は、個人の内界（＝心・意識・感情と精神）の変化とは関係なく起こる。私が望もうと望むまいと、雨は降るときに降り、悪性腫傷は襲うときに襲う。逆もまた真であることが多く、外界の同じ出来事に対し、心は必ずしも同じ反応を示さない。どういう反応をするかは、外界の変化によるよりも、私の心自身の決定によることがある。その意味で心と環境、心の内外の世界は、相互に超越的である。したがって環境を堪え難いと感じるとき、個人がとり得る態度には、二つがあるだろう。環境を変えるか、自分自身の心を変えるか。

――加藤周一『日本文化における時間と空間』第三部第二章「脱出と超越」岩波書店

終盤にさしかかると、客観的な観察の態度から、しだいに著者自身の意見や論を展開する比重へ変わっていく。

淡々と少しずつ積み上げていって、後半の最後にもっとも言いたかったこと、伝えたかったことを躍らせる構造は、能によく似ている。たとえば能《井筒《いづつ》》の最後でシテが筒井筒をのぞきこむ、能《野宮《ののみや》》の最終盤で鳥居の敷居に足をかけぎりぎり外へ出すか出さないかせめぎ合う、それら一つの型のために、前場からこつこつ要素を重ね、二時間の演能の最後の最後に一つの型を見せる。もちろんそれまでも各所にきらめくところはあるが、一曲を象徴した演能写真の一枚を選ぶなら、やはりそのラストシーンとなるだろう。

加藤の主張は、とてもシンプルだ。「環境を堪え難いと感じるとき」には、「環境を変えるか、自分自身の心を変えるか」。

おもに江戸時代の人びとが、制限のあるムラ社会や共同体の内側でどのように生きてきたか、その歴史的検証と結論であるのだが、遠く時間を隔てたこのコロナ時代、あまりにその指摘が現代のこの状況と呼応して見えた。

仕事が延期や中止の波にのまれ、気軽に外出できない生活となったいま、日本文化における時間と空間の旅を経てこのことばが、格別に響く。先が見えずどうにかしてやっていかなくてはならない闇のなかに、過去の事跡や先人の思考が一筋の光をもたらしてくれる。

何か大きな問題に直面したとき、深く思い悩むときに、その哲学にふれると、純度の高い凝縮されたことばから、閃光がほとばしるようなことがある。詩歌もそうだ。平時とはうってかわって、なぜいままで気がつかなかったとばかりに、心の水を欲するごとく、ことばをぐんぐん吸収する。それが学術や芸能といった文化なのだと、いま、まさに実感している。

「環境を変えるか、自分自身の心を変えるか」。私が言うとどこかの広告コピーみたいだけれど、加藤が言えば、分析の裏づけ、ことばの迫力が違う。ことばは、指し示す意味内容も大事だが、ことばの主もそれと同じくらい大事である。

いまの私は、これはたんなる日本文化の分析にとどまらず、加藤の「言いたいこと」として読んだ。コロナ禍の私の希望的な読みなのか、能でおなじみの鑑賞の癖なのかわからないが、加藤からの現代へのメッセージだと受けとめた。大きなヒントと勇気をもらった。

不要不急

『日本霊性論』は、釈徹宗《しゃくてっしゅう》氏が教鞭をとる相愛《そうあい》大学に、内田樹《たつる》氏が特別講師として招かれたときの講演や対談をまとめた本だ。

釈氏は、おもに内田氏の聞き手役、能でいえばまさにワキ僧の役回りを果たしている。対話のなかから興味深い知見をいくつも引き出していた。釈氏はほんとうのお坊さまだから、「シテ」もさぞかし心地よく思いのたけを語り陳《の》べることができただろう。

内田氏とは、氏が観世流でお稽古をされていることもあってか、他生の縁さながら何度か袖が振り合っている。

よくよく記憶をたどったら、私が学生のとき、いつぞや、京都大学へ集中講義に来られていた。当時まじめだった私は、授業単位がすっかり足りていたので、気の向くまま、知らない教室を訪ねたりしていた。シラバスを片手にその教室をのぞくと、人気講義らしく、たくさんの学生であふれかえっていた。立って聴講するのはかなわんと、人だかりの頭の向こうに内田先生をちらりと見て、そのまま立ち去った。このあたりが不まじめである。

それがこうして能楽のゆかりで自著に寄稿をたまわるのだから、つくづく、人のご縁は大切に、また短慮は慎まなくてはならない。

付箋だらけになったこの本から、内田氏のことばを取り上げる。

内田氏の論は、どこか身体の裏づけというべきか、地に足が着いた安定感がある。身体性があるので、どの人の腑にも落ちうる。ふつうに日常生活を送る人の、大人の落としどころが踏まえられている。それでいてこれまで気づかれなかった、または忘れられていた指摘がよく響き、刺激的で楽しい。

集団の根幹をなす四つの柱、裁き、学び、癒し、祈りのための制度というのは、いずれも「おのれの尺度を超えるもの」とどう応接するかという作法にかかわります。(中略)いずれも人間的な世界と非人間的世界の「あわい」にかかわる営みです。

この「グレーゾーン」には専門的知見を備え、そのために心身を整えたものが立たなければなりません。人間の賢《さか》しらが「人間が入ってはいけないエリア」に踏み込むことを制止し、反対に「非人間的なもの」が人間の世界に侵入して、人間的秩序を壊乱することを食い止める。そのためにこの境界線には裁き人がおり、教師がおり、医療者がおり、聖職者がいる。僕はそういうふうに考えています。そして、この境界線を守る人たちのことを「歩哨」（センチネル、sentinel）と名づけています。

――内田樹・釈徹宗『日本霊性論』第一部「なぜ霊性を呼び覚まさなければならないか」ＮＨＫ出版新書

コロナ禍で、「不要不急」ということばがしきりに復唱された。耳にするたびに心が疼いた。そんなときは、心が痛まないように、おなかにぐっと力を入れて、その雲風が通りすぎるのを待った。

感染を広げないための「不要不急」なのだが、ずっと家に籠もらされていると、自分の生業が不要不急であるかのように情けなく思えた。

私が生業とする能楽は、毎日摂取しなければ死んでしまうものではない。毎日健康できちんとご飯をいただくほうが大事であると思う。医療や食料に携わる方々への尊敬の念。日々最前線で暮らしを支えてくださる勇気と気概を仰ぎ見ては、あまりあった。

ますます、自分の仕事はなんなのだろう、という問いが胸に迫った。みずからの仕事の意味と向き合う時間を過ごした方も多かったのではないか。世の中の多くの仕事は、いったん「不要不急」のレッテルを貼られた。皆どのような思いでそれを見つめていたのだろう。

考えてみると、音楽や絵画、演劇などさまざまな芸術は、人間にとって、「不要」なものでも「不急」なものでもない。人間が人間として生きていくために、そのとき、その場所に、なくてはならないものである。人間の原始時代にも、人間の極限状態にも、歌や絵、踊りが生命力の維持に不可欠であった事例は知られている。

メディアやインターネットを見ると、芸術の分野のさまざまな著名人がその存在意義を訴えていた。人間にとって必要不可欠なものと信念から主張する人、芸術は所詮遊戯《ゆげ》であるとかわしつつ強烈に反語する人、それぞれ個人にとって大事なものは異なると相対主義的になだめつつ間合いを詰めていく人。いち時期、ちょっと取り憑かれたように読み漁っていた。

いっぽうで、ずいぶん容赦ない批判も見かけた。ただそれらは、目の覚めるような舌鋒《ぜっぽう》というよりも、ほとんどエンターテインメント業や水稼業へのゆがんだ唾棄《だき》だった。

さんざん読み散らかして、結局は、その人がこれまでどう生きてきたかということに尽きると思いおよんだ。

それにしてもこの「不要不急」ということば、なんとかならないのだろうか。このことばによって、自分の職業の力を、まるで砂の山崩しのように少しずつそがれているような気がしてしまう。

ことばによって人間の心は、自分でも気がつかない間にどんどん左右されていく。その小さな違和感を無視して、深刻な事態に流されていくのが怖い。「ハンバーグとお寿司、どちらが好き?」といった類いの、問いそのものの立て方が理不尽なのではと頭のなかがぐるぐる回ってげんなりしているところに、本書のことばに出会った。

能は、祈りの芸能ともいわれる。「人語を以ては語り得ぬもの」と対峙しようとするものである。

はじめは、自分の仕事を有利に弁護してくれる言説であるからと、いくぶん差し引いて読んでいた。しかし落ち着いて、日本のまつりごとの歴史、東洋の自然観、西洋の政治や哲学を、現況に照らし合わせてゆっくり眺めていくと、なるほど、いま自分が何気なく生活している社会デザインは、なかなかその指摘に沿っている。まるで、われわれの能の演技について、異分野の研究者が新しい知見を「発見」するときに似ていた。

能は、神仏や精霊といった彼岸の者、あの世や超人間的世界の存在が、此岸《しがん》、つまり私たちのすむ人間世界にやってきて、思いや伝えたいことを陳べる。社会の常識では受けとめきれない事象を、私たちは能舞台で目撃し、情念を共振させ、カタルシスのように心をときほぐす。それはこの世とあの世のあわいを見つめることであり、本来、人間や社会にとって欠かせないとても大切な営みであった。

なぜならこの人間世界は、理屈だけで片付けられないことがらや情念が、厳然として存在するからだ。

資本主義社会に生きる私たちにとって、変化すること、拡大することが本義のルールであるとするならば、こういった「歩哨」の分野は肩身がせまい。経済の観念が肥大すればするほど、両者はますます相容れなくなる。平時にはなんとかうまく付き合ってやりくりしていたものが、こういう緊急時、切羽詰まった状況になると、一気に身にあたって問題を突きつけられてしまう。

「非人間的世界」という微妙な相手に対して、身体全体でかすかなセンサーを感じとり、集積させてきた先人たちの経験知。その財産を、一時代の流行のロジック（たとえば経済）だけで裁くことの危うさ。

この本は平成二十六年（二〇一四）に出版された本だが、いま、ますますそのことばの重みが増しているように読んだ。

裁き、学び、癒し、祈り。四つの柱というと、家のような、能舞台のような建物をつい想像する。

きちんとした柱がなければ、家はかたむく。

その柱の点検をどのようにするのかは、とても難しい。なかには、「歩哨」の資格が不足する者、怠けたり手を抜く者、ずるをして人びとを悩ます者などが混じることもあるだろう。象牙の塔は、特権化しやすい土壌に建ちがちだ。

内田氏のような指摘を受けると、専門家の見地を非専門家である自分の目線で語ることを自戒すると同時に、市民のノーチェックで専門家に自由にさせることへの警戒心や、それでは社会の理解が得られないだろうという、相反する気持ちが生まれる。

「歩哨」の仕事にあこがれ、全員が歩哨になってしまうと、社会は困ってしまうう。なぜなら歩哨というのは、軍隊で警戒や見張りの任にあたる哨兵であって、あくまで全体のための一部隊だからだ。指揮官がおり、前線部隊がおり、後方部隊がおり、補給の兵站がいて、はじめて軍隊というものが成立する。

学びのプロフェッショナル、学者や研究者であれば、研究の見識を社会に対して提示して、振り返るきっかけを与えつづける、場合によってはシステムの不調に警鐘を鳴らす。その貴重な視座を確保するために、遊撃部隊のような、高等遊民のような、社会の構成員すべてがそこへふられると困ってしまうものの、いないとそれはそれで困るジャンルの人びと、それが「歩哨」だ。

そういう社会の余白、あそび、つなぎ目みたいなものが、無駄なものとしてとらえられはじめると、たちまち一つの教条ですべてが語られるようになり、数字のやりとりが正義となり、物差しをいかに速くあてがうかが勝負となって、そもそも、その物差しでよいのか、あてがい方はよいのかといったことを考えるメタの視点は抜け落ちる。息苦しく、生きにくい社会が近づく。

その現象は、社会に余裕がなくなって、体力が落ちているときに起きる。そこでは、創造性や文化などは衰えていく。

コロナ禍の世の中を見て、身がちぎれるように思わされた。

この考えは、自分の生業がその分野に近しいから、自分を特権化したい無意識の欲求がうごめくだけなのだろうか。だったらそういうものが頭をのぞかせたときは、積極的に謙虚になって、静かに自分の仕事をおこなうのみだ。そしてその仕事の結果によって、社会の理解を少しずつ得ていくしかない。

だからこそ、内田氏はその明晰な筆によって、少しずつ自身の論を広めているのだと思う。

第四章　ことばとわざ――配信公演

新しい風の流れ

はじめて新型コロナウイルスに染まった令和二年四月のわが家は、不気味なほど毎日がのどかだった。

近所でクラリネットを練習する人がいた。上手な奏者だった。おおきく伸びをして、窓を開け、掃除機をかける。冬の日よりも洗濯物がはやく乾いた。今日はソファーのカバーやマットも洗ってみよう。この月はお天気の日が多かったかもしれない。

私は家事に精が出た。

いっぽう、会社勤めの妻は、電車やバスの人通りを避けるように、自転車で出社していた。

夜には二人で、運動不足の解消に、近所の御所（京都御苑）に散歩に出かけた。

御所は、京都人の愛する散策どころである。ジョギングをしたり、子どもと遊んだり、愛犬と緑をめでる人びとが、広い敷地に静かにまじわる。

夜ともなると、ひっそりとして、月明かりが樹木やじゃり道を煌々と照らした。月は明るく美しかった。そういうことに気がつくのだった。妻とおしゃべりしながら築地沿いに二周ほど回って、家に帰った。妻は、御所の二周回りは中学のマラソン以来だと言った。夕飯を済ませてから夜に御所へ散歩に出るなんて、まるで老夫婦のようだと、二人で笑った。

働きざかりのはずの能楽師は、すっかり主夫になっていた。


ある日、突然、京都芸術センターから連絡が入った。

新型コロナウイルス感染拡大にともなう数々の文化事業の中止・延期や、多くの芸術家が影響を受けている現況を鑑み、京都市として、芸術家への奨励金制度や支援策を急ピッチで検討しているという。そのためのアンケート調査に、芸術家や実演家の置かれている状況をオンラインでヒアリングしたいらしい。

その実演家は、舞台俳優、写真家、能楽師の私の三名だった。

パソコンの向こうに、京都市や芸術センター、研究所の合同調査チームの方々が並み居るなか、私でいいのかと逡巡する暇もなく、自分の現状や支援の要望をつたなく話した。

人と会えないという共通の窮状もさりながら、ほかのアーティストの方々の芸術や舞台に対する思いが熱くほとばしるミーティングとなった。

能楽や伝統芸能のジャンルを代表できたかはおぼつかないが、自分のなかに眠っていた熱い塊が、ひさびさに疼いたのに気がついた。自分に何かを知らせていた。

まもなくして四月下旬、京都市から文化芸術奨励制度が発表された。かなり柔軟で広範囲の活動助成の募集で、平たくいえば、「おもろいこと、せえへんか」という行政からのメッセージだった。

これがきっかけとなり、重い腰の私も、オンライン配信で公演を企画してみようかという気にのせられた。

能楽公演はふつう、シテ方が企画を立て、三役《さんやく》を集め、催すものである。最近は囃子方《はやしかた》や狂言方主導の公演があるかもしれない。しかしワキ方主催の公演なんて、よほどめずらしい。

この奨励制度は新型コロナウイルスへの感染防止対策が第一条件だった。無観客のオンライン公演ならば、なんとか審査を通りそうだ。

自分にできそうな規模と、心強い仲間にお願いして、何かやってみよう。

オンラインでやるのなら、なまの舞台を下手になぞっても仕方がない。能に宿されたシンプルな力、余分をそぎ落とした、骨格の勁《つよ》さのようなところで、観客の心へ訴えるようなものをやりたい。そこにオンラインの新しさ、可能性、人びとが連携するぬくもりのようなものを見出したい。テレビや映画の、高い技術やノウハウの詰まった映像と個人で張り合っても詮ないから、ラジオドラマのように、シンプルなかたちがよいかもしれない。必要最小限の表現から大きな夢の世界、想像で創造していく能の作法に十分かなう。

それには舞台と同じく、観客に主体的に参加してもらう姿勢が不可欠だ。画面を通じた対話を仕掛けてみたい。この自粛生活で家に引き籠もる日々、感じたことをいくらかことばに綴ってもらうのはどうだろう。その思いに反応して、こちらも心境を語り、お互いの糸で少しずつ一枚の布を織っていく。仮想的な場の共在を経験してもらい、娯楽消費とはべつの、たとえば「現代社会での芸能の意義とは何か」といった問題を、ともに考え深めていく時間を期待できるのではないか。

補助金の公益性に照らして無料公演とする代わりに、その作文を参加資格としたら、これまでにないかたちの公演として、面白そうだ。

プロジェクト名はどうしよう。今回は「ことば」と、ことばに付随する身体性、稽古や師伝で磨かれてきた先人の知恵、ものいわぬ「わざ」に光をあててみたい。「ことばとわざ」はどうか。

考えるに、ワキならではの企画であるような気がしてきた。ワキは、能の物語では多く諸国一見の旅僧であり、各地をめぐって人々の思いや先人の知恵と出会い、思惟を深めていく。その試演は「能をめぐる旅」として、今後も続け、さまざまな分野の実技者同士、わざを介した交流や、対話を世に伝えていくのだ。ワキらしい、能楽公演の新しいスタイルとなるかもしれない。

このあと、京都府や文化庁の芸術支援制度を併用しつつ、助成申請の書類に幾日も四苦八苦しながら、ようやく公演企画を立ち上げた。

公演は、令和二年八月二十二日の土曜日、午後。

演者は、いつもお世話になっているシテ方観世流の林宗一郎さんと、花士《はなのふ》の珠《しゅ》寳《ほう》さんにお願いした。心強かった。二月の新作劇以来の再演である。

シンプルな企画なだけに、会場が大事だ。場のもつ空気の流れが、きっと視聴者に伝わる。吉田山荘さん（京都市左京区）が全面的に協力してくれた。

能と立花《たてはな》という室町時代に由来する芸能同士が、昭和七年（一九三二）に建てられた由緒ある日本建築の座敷で、令和の現代に融合する。立花の内容や季節、歴史をふまえて、テーマの演目は《半蔀《はじとみ》》にした。《半蔀》のワキは、夏の修行を終え花の供養をする僧である。『源氏物語』の夕顔と光源氏とのあわい契りを、五条あたりの不思議な女が語り舞う。謡《うたい》のみの素謡《すうたい》であれば、感染防止の距離を保ちつつ座敷で上演できる。珠寳さんの立花が依り代となって、そこには磁場が発生するだろう。

写真やチラシ制作は、写真家の渞《みなもと》忠之《ただゆき》さんが助けてくださった。百人力だった。自分には過分な制作陣がととのった。

公演のチラシには、珠賓さんのお花を大きく拝借して、以下の案内文を載せた。


新型コロナウィルスの影響により、人々は活動自粛を余儀なくされました。不要不急の営為が危ぶまれ、芸能もまた、厳しい立場に立たされています。「芸能は後回しだ」「いや、こういう時こそ人間の生活に不可欠だ」。芸能とは何か？　芸能の持つ力とはなんなのか？　こういう社会状況であるからこそ多くの人々と考え、思いを重ねていくことが大事なのではないか。この度、「能をめぐる旅　ことばとわざ」プロジェクトを立ち上げ、コロナ禍のなか、オンライン配信を活用することで、素謡・半蔀と立花の実演、演者の鼎談、視聴者との対話の場を企画しました。

今回は、事前登録制にて、無料でご視聴いただけます。（先着一〇〇名）
当日はメールやチャットを使って、みなさんと双方向の対話を試みます。
ことばの力、花の自然観、座敷の明暗、場の共在。「ことばとわざ」を通して、
日々を見つめ直します。

公演は無料、観覧のための事前登録のときに、「自粛期間、芸能と私」というテーマで一〇〇字程度の作文をお願いした。この企画の肝である。チケットを購入するのではない、作文が入場証という風変わりな求めに、はにかまれたり驚かれたりしたが、みな面白がってくれ、たくさんの方から申し込みをいただいた。

ちなみに、あの日の突然の京都芸術センターからの連絡。担当の方は、二月の弘道館再興十周年記念公演を観に来てくれていて、弘道館にもゆかりがあるということだった。すべてのつながりが、細く太くからみあって、次の未来へ突き動かす力となっていたのだと、あとから知る。

能をめぐる旅「ことばとわざ」

有松遼一、珠寳、林宗一郎
鼎談

有松　みなさんこんにちは。能をめぐる旅「ことばとわざ」をご視聴いただきありがとうございます。全国各地、海を越えてイギリスからも視聴いただいています。配信ならではの一座建立、みなさんと同じ時間、空間を超えて心を共有していきたいと思います。

本日は観世流シテ方の林宗一郎さん、花士の珠寳さんにゲストでお越しいただきました。配信の会場は、京都市左京区にある吉田山荘さんです。座敷を借りてお送りしています。

コロナ禍で、芸能というものが問われています。自粛期間中、みなさんもいろいろ考えられたかと思うのですが、われわれも「表現の場がなくなる」という事態になりました。最初のうちは書物整理をしたり家の片付けをしたりしていたのですが、状況が深刻化するにつれ、自分の足元を振り返るようになりました。とくに本を読むことが多かったです。そんな、私が自粛期間中に読んだ芸能に関わりのある本を紹介しながら、二人にお言葉をいただこうと思います。

健康な身体と孤独にたえる精神力

有松　はじめは『一本草』（徳間書店）。今日お越しいただいている珠寳さんの著書です。コロナの間いろいろと構想することがあったのですが、この本を読んで、「すでに全部やってくれてるやん」と（笑）。とても素晴らしい本でした。

まず、珠寳さんのお師匠さんについてですが。

珠寳　お習いしている無《む》雙《そう》眞《しん》古《こ》流《りゅう》についてもっと知りたいと思った時期に、岡田幸三先生（池坊門人）と運命的な出会いをいたしまして、花の道に没入いたしました。

有松　師匠との思い出や教えが本にはたくさん出てくるのですが、そのなかでも印象に残った、「素直が大事」という文章。

師匠に「花をするのに必要なのは、健康な身体と孤独にたえる精神力だけ」という言葉をもらったと。この言葉、けっこう厳しい言葉でもありますね。

珠寳　師匠について無我夢中で過ごしている頃は、注意をされても、何を指摘されているのかすらわからない状態でした。コロナ禍で丁寧に時間を過ごすことができたので、私も改めていろいろな資料を読み返していると、いまごろになって気がつくことがあります。そのときは厳しいなとか、泣いて帰ったこともありますけれど、そのときの時間がすべて自分の財産になっていました。いけばなの技術や表現の指導はとてもシンプルです。正確な訓練をひたすらつづけるだけで、一生涯、自分で精進するのみ。だから、問われるのは胸の覚悟のほうで、その覚悟に沿った方向へ進むための指導でした。極端ですが、最終的に必要なのは、健康な身体と精神力です。どんどん孤独になっていく自分自身の体力をつけなさいとおっしゃっていました。

有松　「元気である」というのは一見ふつうのことですが、大事ですよね。

珠寶　とても大事ですね。今年はよくそれがわかりました。実感することができました。

有松　花を立てる姿勢について、「上手とか下手とか、人がどう思うかなど関係ないところで、ひたすら一心に花に向かいましょう」「いま、自分は何を求めているのかを言葉ではなく、花が教えてくれます」とありました。

珠寶　素直になるというとそのままなんですけれど……たとえば「こんなことしたらだめなのかな」「失敗したらいやだな」「上手に見せたいな」とか。そもそもそういった人の評価のために花をしていないわけですから、天に向かって花をしなさいよ、と師匠はよくおっしゃっていました。そのときは、それが良いことかどうかわかりませんが、花と一心一体になるような状態になって、没頭していきました。

有松　日本文化の特徴なのか、禅も関係するかもしれませんが、いままさに生きている、いまというこの瞬間を精一杯生きる、いまをぐっと見るというのは、当たり前なんだけれどもとても大事ですね。

珠寶　そうですね、一つのことをつづけ、日々進歩していくと、過去の未熟な解釈や、誤りに気がつくことは多々ありますから、気がついたときにさっとやり直すことが、次へ進む近道ですよね。案外できないけれど。

有松　迷子になったときも、来た道を戻ればいいのに、あっちに行ってこっちに行って、としてしまうんですよね。

珠寶　「いままでこんなに費やしたのに」と執着しても無駄なことで、自分で気がついたなら、素直に改めてやり直しをするのがいちばん良いと思います。

有松　それがなかなか、できそうででき

ないことですよね。

すべて現在能の感覚

有松　次は評論家・加藤周一の『日本文化における時間と空間』（岩波書店）という本から。このなか日本文化の特質をいろいろと述べているのですが、日本文化は「全体を分割すると部分が成り立つのではなく、部分が集まると全体が結果する」ものである、と。「今＝ここ」の文化、つまり夢幻《むげん》能《のう》の舞台なら「観客は歴史的興味からそこへ集まるのではなく、現代劇を、すなわち彼ら自身の劇を見るために集まるのである」とありました。

能では、在原業平の奥さんが出てきたり、

源義経の亡霊が出てきたりします。過去の亡霊を眺めているのではなく、「今＝ここ」で実際に自分と同期して感じていくという感覚かなと思うのですが。シテは、どういう気持ちで能を舞っているのでしょうか。

林　いま、夢幻能という言葉が出てきました。夢幻能は過去を振り返るというかたちです。対して現在能がありますが、僕はすべて現在能の感覚なんですね。なにも昔のことを振り返って語っているというのではなく、まさに「いま」なんです。出てくる人物はたしかに昔の人なんですが、生身の「私」だというか。自分に置き換えるというのか。まさに「いま」こういう状況で自分は生きているんだというところにおいていつも舞台に出ているので、昔にかえるという意識はまったくないんです。

だから人に能の説明をするとき、いつも少しモヤモヤとした気持ちで、「夢幻能はああで、現在能はこうで……」と話しています（笑）。

有松　なるほど、それは面白いですね。いまここに生きる役者、演者として能をやっているし、過去のものを再現しているというよりは、「いま」まさに、ということなんですね。

だからこそ、いまも能が、六五〇年以上前から「いま」の人に受け入れられているということなのかもしれないですね。

自分の身体を使っていただく

有松　また珠寶さんの本に戻ります。

珠寶さんの献花の時間は、「あっという間に終わります」とありました。「依頼を受けてから、その当日を迎えるまで、ずっとその日のことをイメージして過ごして」「当日を迎え、花瓶の前に座った時点で、花をいける前にほとんどのことが終わっているのです」と。

珠寶　ふふふ（笑）。

有松　でもこれ、とてもよくわかります。僕らも能舞台をやるのは一瞬なんですが、そこにいたるまで、稽古したこと、先生に教わったこと、見聞きしたことがずっと蓄えられての結果であって。現代は結果ばかりが重視されて、過程はどうでも……という感じがしますが、この一瞬のために、というのはとてもよくわかります。

また、花を立てるときは、花そのもののエネルギーを感じ、花のこえをきくとおっしゃいます。「こうして一瞬、わたしを捨ててたてた花が、結果的に見る方の心に素直にすっと受け入れていただけるようです」。「ちっぽけなことに左右されず、目に見えないけれど、神さん、仏さんに向かって一心に花をする。そうするとおのずと人にも楽しみがおりてくるのでしょう」という文章、とても感銘を受けました。

珠寶　ありがとうございます。

有松　能舞台も、かっこよく見せようとか、いらんことを考えるとあきませんね。うまくいった、やってやったと思うようなときは、お客さんからの反応はいまひとつで、精一杯ぶつかったけれどここはあかんかったな、というときのほうが、逆にみなさんに響いていたりして。小さなところでぶつかるのではなく、大きな、高いところとぶつかると、結果的に広くいろんな人とつながれることがあるような気がします。

珠寳　このあとお花をさせていただきますが、花瓶の前に座った時点で花は八割できています。この花瓶の上に、自分のデッサンした花の姿をつくりたいわけではなく、今日みなさんと過ごす時間、この空間を共有することが大事で、その結果が花瓶の上に立ち現れるのだと思って花をします。一瞬を共有するわけですから、心して準備に尽くしています。

ちょっとへんな言い方かもしれませんが、献花が終わり、改めて自分がした花をみて、「へー、こんなお花ができたんや」と、他人事のように眺めています（笑）。

有松　能も、理想的なことをいうと「無心で舞う」ということがありますよね。

林　そうですね。あまり「この登場人物は〇〇の恋人で」「この型は何歩動いて」「ここはこういう場所で」というようなエネルギーの使い方をするよりも、まったく考えずにぶつかっていくことのほうが多いですね

有松　幕の前に立った時点で、もうある意味終わっているというか。あとはスター

トするだけというか。

珠寶　以前、宗一郎さんから「自分の身体をお使いいただくんだ」ということを聞いて、すごく理解できたんです。私もボディを使っていただいている、という感じ。

一緒にたたかいましょうか、という気持ち

有松　次は、内田樹《たつる》さんと釈徹宗《しゃくてつしゅう》さんの『日本霊性論』（NHK出版新書）から。

　内田氏は、集団の根幹をなす四つの柱を「裁き、学び、癒し、祈り」と述べられています。人間的な世界と非人間的世界の「あわい」にかかわる営みの仕事を、「歩《ほ》哨《しょう》」と形容されました。

「成長か死か」といった狂躁的なスローガンだけで浮き足立つことを「ほんとうに愚かな考え方だと思います」ときっぱりおっしゃっています。「人間が共同的に生きてゆくためには『急減には変化しない方がよいもの』がたくさんあります」と。

　お花を立てているなかで神様と話をする。お能をしていても、たとえば「林定期能の公演で能を舞っている」というより、世阿弥と話をしている、義経と話をしているというようなところ。お二人の経験のなかであると思うのですが、いかがですか。

林　作者がどんな思いでこの作品を描いたのか、つくったのか。世阿弥さんとは当然お会いもしたことがないわけですから、どんな人柄かなどもふくめてわかりません。自分なりに「おそらくこういうことを考え

てつくったのではないか」ということは舞台に立つときに考えます。

最近の自分の流行《はや》りでは、「きっと世阿弥は未来の役者にメッセージとしてこれを伝えたかったのではないか」と考えたりするんです。自分はこういう生き方をしたんだ、などということを作品に託していて、自分なりにそれを受けとめて、世阿弥の無念を晴らす……ではないけれども、「一緒にたたかいましょうか」という、そんな気持ちで向き合いますかね。

有松　コロナ禍で自宅に籠もることが多いなか、作品を通して、昔の人と交信できるというのは、とても素敵なことでもありますね。

共感してもらえるようなものがあれば

有松　世阿弥の『風姿花伝』（観世清和編訳、PHP新書）には、こんな一文がありま す。

そもそも芸能とは、諸人の心を和らげて、上下の感をなさんこと、寿福増長の基、遐齢延年の方なるべし。窮め窮めては、諸道ことごとく寿福延長ならんとなり。

（そもそも芸能というものは、人々の心を楽しませ、貴賤いずれの心も動かすものであり、幸福を増進し寿命を延ばす基となるべきものだ。突き詰めてみれば、芸能はいずれもそのような役割をもっている）

林さんは、林家の同門をとりまとめるリーダーとしての立場もあると思うのですが、この世阿弥の言葉をどういうふうに感じますか。

林　とにもかくにも、作品を届けることというのを私はまず第一に考えています。それに携わる方、うちの同門のみなさんにしても他の能楽師の方々にしても、みんなで一つの作品をつくりあげる。われわれシテ方は作品の中心にいることが多いですけれど、なにもコンダクター的な主要人物というわけではなく、あくまでストーリーを前に進めるための役を担っているのだと思うんですね。みんながつくってくれる波に上手にのっていくというのがシテ方の役目です。みんなが助けてくれる力に逆らわず、上手にのっかっていく。もちろんシテ方にはその波を見極める力が必要だと思うんですけれども、この波ののりかたでよかったんかな、これで本当によかったんかなと思う先に、何かみなさんに共感してもらえるようなものがあれば、舞台というものは成立するのかなと思います。

と言いながらもつねづね、神経をすり減らして、寿命が縮まるような思いをしています。「寿福増長」と言いつつも……（笑）。

有松　お申し込みの際にいただいたコメントで、「お能を観て、沁みるようにうれしかった、幸せだった」という声を多くいただきました。今回はこういった映像の配信ですが、能は手づくりでする部分がとても多いので、それだけに、その場に行ってその場に立ち会うと、手づくりの温かみや「一緒につくっていく」という感触をダイレクトに感じる。まさに芸能の、心を耕すところかなと思います。

目に見えなくても想像する

有松　最後に、もう一度珠寶さんの本から。珠寶さんは「こみわら」という藁を立てて、その上にお花を立てていくわけですが、水際という、水をひたしていっぱい水を差し上げるんですよね。

「水を張ることで水際がいっそうきわだち、表と裏の両方の世界の存在が明確になります」「花瓶の上の花がイキイキしているということは、花瓶の中の水もイキイキしています。陽を支える陰、表方を支えるのはしっかりした裏方。人の世も同じことだと教わります」とありました。みずみずしく美しいと思いました。

珠寶　お花の準備のときに、花瓶のなかにお花をしっかりと止めてくれる花留めやこみわらを、十分な時間をかけて丁寧に用意いたします。でないと、いくら美しいお花が手元にあっても、土台がぐらぐらしてしまったらまったく立ちません。どうしても人は、目に見えるおもての部分ばかりを見てしまいます。おもてに見える、目に見えるものが素晴らしければ素晴らしいほど、それを支える、目に見えていないところの人や物、時間がどれくらいあるのか。それを同時にイメージできたら、なんというのでしょうか、ストレスになることが少なくなってくるのではないかなと思うんです。

その想像力を、日常のささいなことでもいいので、人と人との関係や家庭のなかなどに、ちょっと意識ができたら、とても楽かなと思いますね。

有松　コロナで気持ちの余裕がなくなって、目に見える世界だけ、数字や結果だけになってしまうことがある。でも、たとえばこの会場の吉田山荘のお庭、本当に美しいですが、これだけきれいにするために、どれだけ手をかけて、いつも慈しんで自然とともに過ごしておられるのか、というところに思いが広がると、心も広がりますね。

珠寳　本当にそうなんです。それができると、お庭や自然のなかにゴミなんてほかせなくなります。そうして身近にあることが少し改善されたらいい。そういうことをお花から教わって、お花のときだけにそれをするのではなく、日常で活かしていただくというのが一番いいなと思っています。

有松　能をしていても、シテ、ワキ、囃子方《はやしかた》などの舞台に上がっている人だけではなく、それを支えてくださっているたくさんの人、この配信も裏側ではスタッフさんが必死になって動いてくれているんですが、そういう人たちのおかげでこういう時間が流れているということなんですよね。目に見えなくても想像するだけで、神さん仏さんでもいいですし、自分の身の回りでもいいですし、その広がりがあるとずいぶん違ってくると思います。

《半蔀》

有松　今日は珠寶さんにお花を立てていただいたあと、宗一郎さんと私で《半蔀《はじとみ》》を素謡で上演します。能を演じるときは、面《おもて》をつけて装束を身につけてというのが本式なんですが、あえて謡だけでシンプルにお伝えするというものです。

林　《半蔀》という曲は、京都の紫野雲林院のお坊さんが、その夏に仏さまに手向けたお花を供養するというところからはじまります。お花の供養をしておられますと、そこへ夕顔の花をもった女性がどこからともなくあらわれて、夕顔の花を手向けます。「あなたはどこからきたのですか」などと尋ねると、「私はこの世にいない、つまり幽霊である」というんですね。そして「五条あたりへお越しください」とほのめかして消える。お坊さんがそれを追って五条あたりへ行くと、蔀戸《しとみど》をしつらえたいわくありげな一つの家がある。周りは草ぼうぼう。しかしそこに夕顔の花がかかっている蔀戸があり、お弔いをしていると先ほどの女性が、在りし日の姿で出てきます。じつはその女性が、源氏物語に出てきた「夕顔」の女だったんですね。蔀戸をあけて夕顔が出てきますと、在りし日の光源氏との馴れ初めなど昔を思い出すんですが、それもすべてお坊さんの夢のなか、つまり先ほどの話の「夢幻能」なんですが、夢幻能は必ず夜明けとともに終わっていくんですね。夢のなかで夕顔はなおも成仏を乞い願って、お坊さんの夢は覚めました。という、なんとなく幸せを感じさせてくれる、なんとない幸福感がある、いい曲ですね。

有松　配信で、いまこの場には来られないけれども同じ時を共有しているというのは画面越しにも伝わると思います。その生起、立ちあらわれ消えていくものを味わっていただければうれしいです。

林宗一郎（はやし・そういちろう）
能楽師観世流シテ方。京観世五軒家のうち、唯一残る林家十四代当主。父・十三世林喜右衛門、及び二十六世観世宗家・観世清和に師事。市川海老蔵特別公演「源氏物語」、マレーシア国交樹立六十周年記念公演など、古典芸能の魅力を世界に伝える活動をしている。京都観世会理事。

珠寶（しゅほう）
慈照寺（銀閣寺）にて初代花方を務める。二〇一五年に独立し、草木に仕える「花士」として、大自然や神仏、時、ひとに花を献ずることを国内外でつづける。花を通じて、豊かな生活時間をつくることを提案している。青蓮舎花朋の會を主宰。

公演のアーカイブ動画は有料配信予定（令和四年三月現在）。ご興味のある方は、以下有松遼一公式ウェブサイトまで。
https://arimatsu-noh.com/

GALLERIA

配信公演は林宗一郎さん、珠寶さんとの鼎談からはじまった。3台のカメラと見えない観客に少し緊張するも、吉田山荘の澄んだ空間は、すぐに心地よい場になっていった。

鼎談が終わり、珠寶さんの立花に。トークのときとは違う風が場に流れはじめる。珠寶さんが花の前に静座すると、あらたな空間が立ち上がった。

花を中心に据え、宗一郎さんとの素謡。凛とした立花、外からささやかに聞こえる夏の声に、謡い手の心も研ぎ澄まされる。

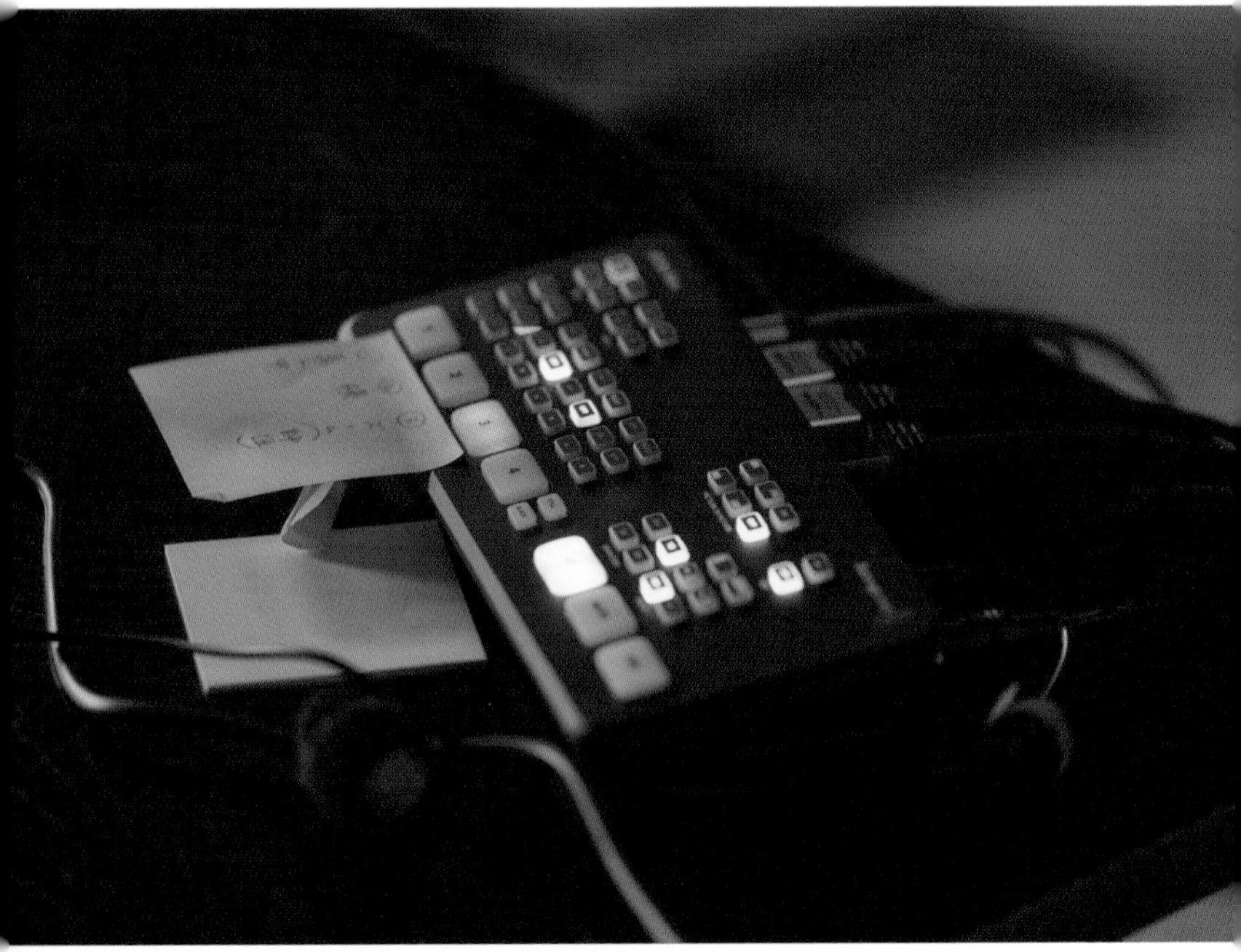

感染防止対策のため、少人数のスタッフでおこなった。あちこちに奮迅し、穴を埋めてくれたのは妻や友人たちだった。

《半蔀》上演詞章

前シテ　女
後シテ　夕顔
ワ　キ　雲林院の僧

一　僧の立花供養

ワキ　これは都北山紫野雲林院に居住の僧にて候。我一夏の間花を立て候。はや安居も過ぎ方になり候へば。色よき花を集め。花の供養を執り行はばやと思ひ候。

ワキ　敬って白す立花供養の事。右非情草木たりといへども。この花光陰に開けたり。あに心なしといはんや。なかんづく泥を出でし蓮。一乗妙典の題目たり。この結縁に引かれて。草木国土悉皆成仏道。

二　不思議な女性

シテ　手に取ればたぶさに穢る立てながら。三世の仏に。花たてまつる。

ワキ　不思議やな今までは。草花侶容として見えつる中に。白き花のおのれひとり笑の眉を開けたるは。いかなる花を立てけるぞ。

シテ　愚かのお僧の仰せやな。黄昏時の折なるに。などかはそれと御覧ぜざる。さりながら名は人めきて賤しき垣ほにかかりたれば。知ろし召さぬは理なり。これは夕顔の花にて候。

ワキ　げにげにさぞと夕顔の。花の主はいかなる人ぞ。

シテ　名のらずと終には知ろし召さるべし。我はこの花の蔭より参りたり。

ワキ　さてはこの世に亡き人の。花の供養に遇はんためか。それにつけても名のり給へ。

シテ　名はありながら亡き跡に。なりし昔の物語。

ワキ　何某の院にも。

シテ　常はさむらふ真には。

地謡　五条辺と夕顔の。五条辺と夕顔の。空目せし間に夢となり。面影ばかり亡き跡の。立花の蔭に隠れけり。立花の蔭に隠れけり。

三　五条の有様

ワキ　ありし教へに従って五条辺に来て見れば。げにも昔のゐまし所。さながら宿りも夕顔の。瓢箪しばしば空し。草顔淵が巷に滋し。

シテ　藜藿深く鎖せり。夕陽のざんせいあらたに。窓をうがって去る。

地謡　しうたんの泉の声。

シテ　雨原憲が。樞を湿す。

地謡　さらでも袖を湿すは。廬山の雪の曙。

地謡　窓東に向かふ朧月は。窓東に向かふ朧月は。琴瑟にあたり。愁傷の秋の山。

物凄の気色や。

四　半蔀から現れる夕顔

地謡　げに物凄き風の音。簀戸の竹垣ありし世の。夢の姿を見せ給へ。菩提を深く弔はん。

シテ　山の端の。心も知らで行く月は。上の空にて絶えし跡の。また何時か逢ふべき。

地謡　山賤の。垣ほありとも折々は。

シテ　あはれをかけよ撫子の。

地謡　花の姿をまみえなば。

シテ　跡弔ふべきか。

地謡　なかなかに。

シテ　さらばと思ひ夕顔の。

地謡　草の半蔀押し明けて。立ち出づる御姿。見るに涙もとどまらず。

五　光源氏との思い出

地謡　その頃源氏の。中将と聞こえしは。この夕顔の草枕。ただ仮臥の夜もすがら。隣を聞けば三吉野や。御嶽精進の御声にて。南無当来導師。弥勒仏とぞ称へける。今も尊きお供養に。その時の思ひ出でられて。そぞろに濡るる袂かな。なほそれよりも忘れぬは。源氏この宿を。見初め給ひし夕つ方。惟光を招き寄せ。あの花折れと宣へば。白き扇の端いたう焦がしたりしに。この花を折りて参らする。

シテ　源氏つくづくと御覧じて。

地謡　うち渡す遠方人に問ふとても。それその花と答へずは。終に知らでもあるべきに。逢ひに扇を手に触るる。契りの程の嬉しさ。折々尋ね寄るならば。定めぬ海士のこの宿の。主を誰と白波の。よるべの末を頼まんと。一首を詠じおはします。

地謡　折りてこそ。

六　半蔀に消えた夢

シテ　折りてこそ。それかとも見め。たそかれに。

地謡　ほのぼの見えし。花の夕顔。花の夕顔。花の夕顔。

シテ　終の宿りは。知らせ申しつ。

地謡　常には訪ひ。

シテ　おはしませと。

地謡　木綿付の鳥の音。

シテ　鐘もしきりに。

地謡　告げ渡る東雲。あさまにもなりぬべし。明けぬ前にと夕顔の宿り。明けぬ前にと夕顔の宿りの。また半蔀の内に入りて。そのまま夢とぞ。なりにける。

《半蔀》訳：有松遼一

一　僧の立花供養

僧　私は都の北山、紫野の雲林院に住む僧です。夏の修行で花を仏に供えましたので、色よき花を集め、花の供養をしようと思います。

僧　謹んで立花供養を申し上げる。花は心なき草木というわけではありません。とくに泥から出づる蓮の花は、法華経の題目です。この縁に引かれ、草木も国土もみな成仏いたします。

二　不思議な女性

女　手で汚れぬよう、立てながらの姿で、三世の仏に花を奉ります。

僧　不思議なこと。多くの草花の中、白い花がひとつ、微笑んだようにあるのは、どんな花を立てたのか。

女　あらまあ。黄昏時とてどうしておわかりにならないの。でも花の名は人めいていて、賤しい家の垣ですし、わからないのももっともです。これは夕顔の花です。

僧　なるほど。その夕顔の花の主はどんな人なのか。

女　名のらなくともやがておわかりになるでしょう。私はこの花の陰から参りました。

僧　では亡き人が、花の供養に会うために来たのか。それにしてもお名のりください。

女　名はあるけれどもはや亡き身、昔となった物語、

僧(女)　何某の院に、

女　いつも仕えていたが、ほんとうは、

地謡　五条あたりに、と言い、ちょっと空目した間に、夢のように面影ばかりが残って、立花の陰に隠れてしまった。

三　五条の有様

僧　教えてもらった五条あたりに来てみると、ほんとうに昔のありさまだ。夕顔が這いかかり、まるで漢詩の情景のようだ。

夕顔　草は深く家を閉ざし、夕日が窓に入っては消える。

地謡(夕顔)　泉の音がして、

夕顔　雨が荒れた家の戸を濡らすようだ。

地謡(夕顔)　涙も袖を濡らす、廬山の雪の曙の趣。

地謡(夕顔)　東の窓からの月光は、琴を照らし、秋の山が見え、心さびしい夕べである。

四　半蔀から現れる夕顔

地謡（僧） ぞっとするような風が竹垣を鳴らす。ありし世の姿を夢にお見せください。菩提を深く弔いましょう。

夕顔　「山の端の心も知らで行く月は上の空にて絶え」（※1）と詠んだ私が、またいつあの御方にお会いしよう。折々はあわれをかけよともお願いしたけれど、花の姿をお見せしたら、跡を弔ってくれますか。

地謡（僧） もちろんです。

夕顔　それではと思い、夕顔は、

地謡（僧） 草の半蔀を押しあける。立ち出づる御姿は、見るに涙もとまらないほどだった。

五　光源氏との思い出

地謡（夕顔） その頃源氏の中将であった御方は、この夕顔の宿で仮初めの一夜を過ごされた。隣家から聞こえる勤行の声は、南無当来導師弥勒仏と唱えていた。今も御僧の尊い供養に、往時が思い出され、涙で袂を濡らす。なお忘れられないのは、源氏がこの宿を見初めなさった夕方のこと。従者の惟光を招き寄せて、あの花を折れとおっしゃったので、私は香の薫る白い扇にこの花を手折って差し上げた。

夕顔　源氏はつくづくとごらんになって、

地謡（夕顔） お尋ねになったのだが、もし夕顔と答えなかったなら、そのまま出会わなかった運命だったのに、扇を手に触れ、契りが結ばれた嬉しさよ。折々訪ねるならば、この宿の主が誰とても、末長くよるべにしようと、源氏は一首お詠みになった。

六　半蔀に消えた夢

夕顔　「折りてこそそれかとも見めたそかれに、

地謡(夕顔)　ほのぼの見えし花の夕顔」（※2）と。

夕顔　私の終の宿りはお知らせしました。

地謡(夕顔)　いつもおとむらい、

夕顔　くださいませと、

地謡(夕顔)　鶏が鳴き、

夕顔　鐘もしきりに、夜明けを告げる。

地謡　東雲の朝が来てあらわになる前に、

おいとまをと、夕顔は宿りの半蔀のうちに入って、そのまま夢となってしまったのだった。

※1「山の端の心も知らで行く月は上の空にて影や絶えなむ」
『源氏物語』で夕顔が源氏に送った歌。山の端（源氏）の心も知らぬ月（私）は、上の空ではかなく消えてしまうでしょう。

※2「寄りてこそそれかとも見めたそかれにほのぼの見つる花の夕顔」
『源氏物語』で源氏が夕顔に返した歌。近くで見なければわかりませんよ。黄昏どきの美しい花の夕顔だから。

そこにある熱

公演当日、午後二時。

八月の下旬といえば、旧暦は文月、二十四節気なら処暑に入っていて、初秋のおとずれを感じようかともいう時季だが、近年の夏は手ごわい。いまだ強い日ざしが降りそそぎ、湿気をたっぷりとふくんだ熱気が低くうずまる。しかも今日の予報は雨という。日中の座敷の照明は庭からの光がたよりだったから、雲影にさいなまれる配信となるのか心配した。

天気予報はすっかりはずれた。雲間をぬけた白い光が、山荘の庭の樹木や芝地にこぼれおち、座敷をもじゅうぶん明るく照らした。庭の輝きが室内へ反射する。人物や花を照らしながら、同時に美しい陰影を生んだ。開演後すぐは、昼過ぎの高い日ざしが姿の輪郭をはっきりと描き、時が移ろうほどに、夕刻のかそけき光と、座敷にたまる闇がまじりあった。そのあわい妙味が、映像にもたしかに映し出された。

ウイルス感染の予防に、公演中はガラス戸をいくぶん開けていた。これがご馳走をもたらした。庭木に去来する鳥のさえずりや、蟬の鳴く声が屋内によく届いた。音色は配信にものり、まるでその座敷に静座していたようだと、あとで視聴者から感激の声をたくさんいただいた。

わずかに吹き抜ける夏風が、花弁や葉茎をときおり揺らしていた。


あの風はどこからやってきてくれたのだろう。

公演前夜はとても現実的だった。直前まで事務や運営の準備に追われ、当日も、会場入りしてすぐ配信機材のセッティング、台本の確認、演者やスタッフとの折衝、ウェブ観覧者の問い合わせなど、とにかく目まぐるしかった。主催の醍醐味などにひたる間もなく、やるべきことに次々取り組むだけで、怒濤のごとく時間が過ぎた。

ただ、「あっという間だった」という感じはしなかった。それぞれの場面に濃淡の記憶がまとわりついている。ずっと無我夢中というよりも、身体は不思議と冷静に、それぞれの状況を受けとめていたらしい。刻まれた記憶が、時を隔てて、ふと顔を出すことがこれからもあるだろう。

時が満ちていたのかもしれない。運営のまずさにもかかわらず、仲間の強力なバックアップによって、この配信公演の場に風が吹き、熱が生起した。私も興奮していたし、パソコンの向こうの視聴者も興味津々に見守ってくださって、はしばしに熱を帯びたまま駆けぬけることができた。こういう舞台の熱というのは、ふつうなら設営や進行からしてかなりの熟練のわざと人数《にんじゅ》が必要であり、ベテランが集っても、その化学反応はにぶいことがある。反対に、プロによる舞台ではなくても、玄人顔負けの「なにか」が舞台上に出現し、会場全体が大きく揺さぶられることがあるのも、同じくらい知っている。

公演の熱を、視聴者のアンケートから、少し伝えてみたい。

・あっという間の二時間でした。花を中心にして、一つの深い深い宇宙の中から謡の言葉が届いてきました。

・立花と素謡を鑑賞している間、家に居ながらも別の空間に引き込まれたような、不思議な感覚でした。

・画面越しであっても空気がつながっているように感じました。自然光でされていたからか、私の部屋に差す光と画面の中の光が同じでした。

・日本人の生み出した芸能の素晴らしさ、いまに至る時の流れをつないでいただいた幸せを堪能させていただきました。

会場内外の熱が、この本にも帯びていたらうれしい。

今回の出演者はみな、頭だけではない、身体をつかって芸能にたずさわる者たちだ。観念や思考だけで口をつくのではなく、過去の体験であったり、舞台や生活で感じた身体の感覚を、丁寧にことばで掬いとる。そのことばには、実感という裏づけがあって、質量、まさにことばの重みといっていい、その誠実さが、説得力や信用を生むのだった。

会場の空気を、観客と共有し一体のものにするという共在感は、あの瞬間に、いまをいまとして思いを抱き、心のベクトルを揃い合わせるということ、「息を合わせる」ということであり、その大いなる営み、人びとがつながる仕組みはちょうどあの立花の、蓮華の台のうえで皆が心を響かせ合うということではなかったかとつらつら思い返す。

ただあの一体感は、本来的にはその場かぎりの熱であって、本書にアーカイヴしたこれらは、あくまで跡追いのものだ。

公演のことばたちの貴重なきらめきは、あのとき見納め、聞き納めするには惜しいから、立ち会えなかった人にも「こんなすてきなことがあって」と伝聞する労をいといはしない。テクノロジーの発展は、現実と仮想の境を紛らかすことで、人間の利便を広げようと努めてきた。私だって、その恩恵によったからこそ、この配信公演を実現できた。

しかし、それがなまものとイコールであると思うのは、何かを見誤る一歩のような気がする。テレビで能をやっていて、はじめての方に「私は能を観た」と思われ、能はつまらなかった、と鼻をつままれることが少なくないのも、根は同じだと思っている。古典芸能のなかでも、能はメディアでの調理が難しい。

スポーツのどんな名勝負もリアルタイムの観戦には勝らないように、時を同じくして息を合わせる、という身体的行為は、どこまでも刹那的で、はかない。だからこそ、その場に居合わせるということがありがたいことなのだ。そのかけがえのなさが心を動かす。そしてそれが、生きるということではないだろうか。

第五章　ことばを綴る生活

ことばを綴る生活

あの自粛期間は何をしていたのですか、というのは、やや新型コロナウイルスの影響が穏やかになったころ、令和二年の夏や秋冬に訊かれるいちばんの質問だった。

稽古をしていました、というのが能楽師としての正解だろうが、じっさいは、かなり家事をしていた。大学で京都へ来て一人暮らしをはじめてから、家事はわりに好きなほうだ。とりわけ好きなのは、洗濯と掃除。

日ざしのかすかな冬場よりも、光が太くなり、芽吹きの活気にあふれた風は、はじまりの匂いがする。掃除機も家具の裏側までかけたくなる。

春の陽気にあたたかく包まれて、夢見心地のまま、気がつけば初夏になろうとしていた。

街の遊興施設は、緊急事態宣言にずっと閉まったままだった。仲間と連れ立って出かけることもできない。散歩の足をのばして、鴨川をずっと上がり、北山の府立植物園に入ってみた。

今日は五月三十一日、私の誕生日だ。

明日から六月がはじまる。週明けの月曜日で緊急事態宣言は解け、通常営業にもどるところが多かった。いつもであれば、誕生日が明けた六月一・二日は、平安神宮での京都薪能《たきぎのう》だった。

京都薪能は、在洛能楽師が総出演して京都市とともに主催する、手づくりの薪能である。七十年以上の歴史があり、京都の初夏の風物詩として定着している。先人たちが苦労してここまで根づかせ、広めてきた。

その灯もいったん消えてしまった。

大きな舞台前で落ち着かないのが毎年の恒例なのに、今日はコロナのおかげで、こんなにゆるゆると植物園を歩いている。このゆっくりと流れる時間はなんだろう。

新型コロナウイルスは依然として人類未知の恐ろしい病気だが、いっぽうの人間社会の応手にも、頭をかかえるような悪手がたくさんまじっていて、局面は混沌としていた。

すがすがしい青い空の下、植物園の、池や泥から生え出づる菖蒲《しょうぶ》や蓮花《れんげ》を眺めていた。えらいもんやな、としみじみその生きざまに感心した。時を得て、泥水のなかから、浄土蓮華のような花がまっすぐ伸びている。知性をもって美しく生きているように見えた。

菖蒲の花が邪気を払い、疫病を鎮《しず》めてくれることを祈った。


さて、自粛期間は何をしていたのですか、という質問にもどる。

家事以外の仕事といえば、かなりの時間、原稿を書いていた。

数年、大学で古典芸能の講義を受け持っているが、上半期の授業がすべてオンライン授業となった。未曾有の事態に、学生も受難だが講師陣にも衝撃が走った。慣れない突然のオンライン授業に、手探りで格闘した。

私は毎週、授業で話すべき講義をテキストに打ち込み、資料動画を添えてアップロードした。学生には、この誰も経験したことのない事態を奇貨として受けとめ、絶好の学びの機会としてほしかった。この状況で考えたときどきのことばで、能の素材にからめて伝えた。手紙を書くのと似ていた。

大学は、単純な知識を伝達するだけの場所ではない。先人の知見を道具に、やわらかい感受性で、じっくり沈思する場を提供するところだ。社会が早計に貼った「ムダ」というレッテルをしずかに剝がしてあげるのが大学だと思う。いかにスムーズに就職するか、いかに効率的にお金を稼ぐか、というのが最上命題なら、たぶん私は能楽師になる道にさしかかっていなかった。

オンライン授業は、ふだんなら教室に行って九十分間そのまましゃべればよいものを、すべて文字に起こさなくてはいけないから、たいへんな作業だった。毎週毎週、一万字くらいの原稿の締め切りがやってくるようなものだ。資料動画は、演能映像に字幕をつけて短く自分で編集する。これはこれで雑然とした頭のなかを整理するよい機会だったが、なんにせよ、一週間ごとにアップロードの決戦がやってきた。

同じ春のはじめ、朝日新聞でお世話になっていた記者から連絡が入った。新聞でコラムを連載してみないかという。

京都版の「四季つれづれ」というコーナーだった。各分野の書き手が数回記事を執筆し、担当をバトンタッチしていく。地域の文化欄にあたるが、このコロナショックで文化芸術公演は中止ばかり、紙面構成は大混乱で、掲載のスパンもどうなるかわからないらしい。そんな状況でもよければ、という依頼だった。

「担当回数も、好きな分だけ書いていただいて結構です」という太っ腹に感動して、小才を棚に上げてお受けした。

その記者とは数年前に知り合い、二月の新作劇でも取材などでお世話になった方だった。そう思うと、このコロナによる大きな潮流は、すべてがつながって動いていることになる。

こういうのを縁というのだろうか。

コロナ禍の影響で不規則なペースになることもあったが、だいたい二週間に一回、木曜日に小文と写真が掲載された。毎回、内容とリンクする写真を撮りに記者と出かけた。鴨川、能楽堂、馴染みの店、冷泉家、いろいろなところを訪ねて楽しかった。

テーマは当初にこちらから提示した一〇〇回あまりで、ほんとうに書けそうな分だけ書いた。偶然といえば偶然だが、それをあてはめていくと、ぴったり令和二年の十二月末で収まった。

掲載がはじまると、ご近所さん、同業者、母校の事務の方から能楽師の奥様まで、予想外にたくさんの反響があった。さすが新聞だった。自粛生活で人との接触が少ない時期だったので、小さな応援がうれしかった。

師匠の谷田宗二朗先生のお墓参りに行ったとき、お寺の住職が唐突に、新聞読んでいますよと笑顔で話しかけてくださったのには、腰を抜かしそうだった。

本人のあずかり知らないところで、縁というものはどんどん広がっていくのだと、身をもって知った。

新聞に載るというありがたいことで認知が広まるのは当然なのだが、それはべつに新聞にかぎらない。人生も同じことだ。若いうちはなかなか気がつけないけれど、人の素行というのは周りの人はちゃんと見ていて、よきことはよきように、悪しきことは悪しきように広がる。律儀な勧善懲悪の論をまつまでもなく、人の世は、リアルに、そういうものなのだった。

コラムのネタも気ままであったが、このコロナ禍の一年、文章を綴る日々が生活のリズムになっていた。書きたいメニューの一三回分すべて、晴れて載せてもらえたのは幸せだった。毎回気を入れて書いたつもりである。

コロナ禍の執筆の事跡でもある全記事の文章を、ここに収めておく。

四季つれづれ

一

　初対面の人と職業の話になって、「ノウガクシです」と答えると、たいていは聞き返されるか、脳外科か、農学の何かと思われてしまう。着物を着ていなければなおさらだ。たしかに世間で能楽師と出くわすことなどないかもしれない。最近はニコニコして相手の反応を楽しんでいる。

　代々のおうちなのですか、というのもよく聞かれる。京都は能楽の古いお家も多いが、私は東京の、ごく普通のサラリーマン家庭から、二十四歳の時にこの世界に飛びこんだ。

　恥ずかしながら、大学に入るまで能を観たことがなかった。新学期の春、クラスメートに袖を引っぱられて訪ねたのが、能楽サークルだった。最初の見学だけ付き合うつもりが、先輩たちに囲まれて茶菓子を出され、仕舞《しまい》や謡《うたい》をたっぷり披露され、おまけに夕食までごちそうになると、うぶな一回生はいつしか部室の末席を汚すようになった。

そんな門外漢が、卒業後に玄人としてこの道を志すことになるのだから、人生はどうなるかわからない。

能は室町時代から連綿と続く芸能である。能の表現は「型」の集合でできている。型は長年をかけて先人たちが磨き上げてきた規範である。無駄なものを徹底的にそぎ落とし、必要最小限かつ勁《つよ》い表現によって、観客の想像をかえって豊かにさせてしまう。純粋で、作為を排する能の志向。ストイックでとてもかっこいい。一生をかけて追究したいものに出会えた。

昔から日本の伝統文化には関心が高かった。子どもの時、父と祖母とで伊豆へ温泉旅行へ出かけた。仲居さんが三手で美しく襖を開ける所作を見て、いたく感動した。あのような典雅な「型」をもっと知りたい。それから学校の図書室で小笠原流礼法の本を読みふけるようになった。その本の貸出カードには私の名前ばかりが並んだ。

友人に本や映画を「これ、面白いよ」と薦められたら見るように、能は先人たちのオススメが六五〇年以上続いてきた芸能なのである。私が能と出会うのも、時間の問題だったのかもしれない。

（二〇二〇年六月四日）

二

能は「夢幻能《むげんのう》」の曲が多い。旅人がある名所を訪れると、不思議な人物（シテ）が現れ、過去の出来事や物語を当事者のように語る。実はシテの正体は神霊であり、昔日を思いながら舞を舞い、夜明けとともに姿は消え、旅人の夢も覚める。前後二場の複式構成である。

ワキ方はこの旅人役を勤める。私の仕事である。

能面は着けず、現実世界の男として、観客の代表に近い存在として登場する。

冒頭の「名ノリ」が重要だ。時代は、季節は、場所は、社会状況は？　理屈を超えたところで観客全体をタイムスリップさせなくてはならない。舞台の空気を変える難役である。

舞台が十分に温まるとシテの登場となる。ワキはシテの相手役として会話を交わし、思いを引き出し、演技を受け止める。

一曲の後半は上手前の脇座に座り、じっとシテの舞を見守る。「ワキ僧は煙草盆でも欲しく見え」。江戸時代の有名な川柳だが、昔からワキは持て余しているように見えたものらしい。

しかし、「座る」という行為も舞台の大きな役どころである、とあえて言いたい。飛んだり跳ねたりするばかりが表現ではない。ときにシテの舞は、その身体から情念が流れ出し、舞台全体をうねる。ワキはその気韻に反応し、客席へ増幅して伝播させている。ワキのいない舞台は額縁のない絵のようなものだ。

終曲後、静かに立って幕に帰るのも案外重要な仕事である。能舞台には緞帳《どんちょう》がない。ワキは長時間座ったままだから、足の痛さに負けず立ち、曲の余韻を壊さないよう退場する。姿に映画のエンドロールのような気味が自然と出たらよい。

ワキの仕事は他分野で喩えにくい。脇役、ストーリーテラー、歌舞伎の女形。いずれもちょっと違う。何々のようなというのはわかりやすそうで、よほど文脈を気をつけないとそのものの特色や独自性をとりこぼしてしまう。ワキはワキ、能は能。「能は和製ミュージカル」といった説明も、西欧歌劇より一五〇年は先輩の世阿弥があの世でどのように聞いているだろう。

縁の下の力持ちに「将来は主役のシテを」と励まされることもあるが、能は分業制・専門職で、ワキ方は生涯、ワキ方である。私はワキの仕事が好きだ。自分に向かって神霊が到来してくれる、こんなありがたい役回りはないではないか。

（二〇二〇年六月十八日）

三

初めて能楽堂に足を踏み入れた時の、静かな感動の波は忘れがたい。寺社へお参りして心が洗われるような、あのあらたかさと似ているだろうか。

屋根のある三間（約六メートル）四方の本舞台から、下手に向かって橋掛《はしがかり》の廊下が伸び、先には五色の幕が垂れている。舞台が客席に迫り出ていて、こちらと意外と近い。正面奥に描かれた鏡板の老松《おいまつ》も厳然と古格を保っている。

歌舞伎や文楽のような背景を描いた書割《かきわり》がない。がらんとしている。でもこれが重要で、逆説的だが空っぽの「無」であるがゆえに、いかなる「有」の表現も可能になるのだ。

揚幕《あげまく》の向こうから、能独特のすり足（ハコビ）をした人物がやってきて、謡い、舞う。型の所作はそれ自体美しいものだし、例えば、扇を持った右手を前に出しつつ前進する「シカケ（サシコミ）」という型なら、愛しい人を待ちわびたり、戦で敵陣に攻めこんだり、帰らぬ往時を懐古したり、あるいは宇宙の摂理そのものを体現したりする。同じ所作でも文脈でまったく違う意味を帯びる。それは息づかいやノリ、謡《うたい》や囃子《はやし》の描写と融合して多様に現出してゆく。

月を表す時、大道具で月のセットをつり下げたり、ライトで月を映し出したりしたらわかりやすいが、ある意味、イメージを限定することになる。でも能ではもっぱら、月を「見る人」を表現する。すると観客はその演者を見て、ああ月を見ているのだなと思い、心に月が浮かぶ。それが昨日の満月か去年の三日月か、いずれにせよ観客の経験から本物の月を引き出すのだ。記憶の海から昇った月は、どんな作り物よりも真実の月となって輝く。

能にはこういう想像のコツが要る。間接的でちょっと不親切かもしれない。でも表現者としては、こんなに原理的で核心に迫った表現手法はないと思う。

昨今の社会を顧みるに、その肝心の想像力が心配になってきた。技術が進歩し、サービスが行き届きすぎたせいで、私たちが想像をめぐらす余地まで失っているのではないか。

イメージを膨らませる、五感を豊かに働かせる、非日常の時間を楽しむ。

費用対効果やコストカットの過熱で、想像や「あそび」を追いやる世の中では、いずれ能の表現も危うくなるだろう。そしてその時には、相手が何を思うのか、未来にどんなことが起こるのか、そういう思いをはせる行為も薄らいで、貧しい人間社会が訪れるだろう。

（二〇二〇年七月十六日）

四

京都はおいしいお店が多い。老舗も新店も、有名どころも隣近所の名店も、街にぎゅっと詰まっている。能楽師は食いしん坊が多いので、よく仲間うちでも盛り上がる話題だ。

老舗から個人商店まで、とりどりの店主たちの顔が見えるのがよい。大企業の経営効率とは少し違う、小商いの落ち着きや店の佇まいが愛おしい。

語るまでもないことだが、喫茶店なら、その一杯のコーヒー自体の品質だけでなく、お店の雰囲気や店員の接客までもが「ごちそう」である。ゆったりと時間を過ごしたり、気さくにマスターと会話を楽しんだり。それがその店の価値だ。

おいしいと聞いて来たレストランで、料理は美味、接客も丁寧なのに、なにか居心地が悪い時がある。初入店のぎこちなさもあるが、それはその店の「素」と自分の心とが折り合わない場合ではないだろうか。

誰しも目にする店内のしつらえや食器、接客、そして料理の味や盛りつけよりも、例えばキッチンの皿の重ね方とか、配膳用のお盆や水差しの置き場とか、スタッフが控えるレジ周りの雰囲気とか、内々の部分が表にさらされているところ、そういう何気ない地の部分が、自分でも思った以上に店の姿として影響してくるのだ。トイレ掃除が大事なのも、繋がっていると思う。

世阿弥は「せぬひま」ということを言った。型と型、謡《うたい》と謡を繋ぐところ、間、誰も注目しないようなすきま、それを「せぬひま」と呼び、「油断なく心をつなぐ性根」こそ、「外に匂ひて面白きなり」と語る。そしてこのような忠言も加える。「この内心ありと、よそに見えては悪かるべし」。内なる工夫を、自分にさえも隠して舞台の流れを繋いでいけと言うのだ。無作意とは異なる、無心の境地。現代の「やっています」アピールとは正反対の方向性である。

舞台だけではなく、人間性も同じことだろう。気張っている部分だけではなく、ふっと気の抜けたところ、自然にその人となりが顔を出す瞬間がある。そこにその人の個性や真価を強く感じるのだ。

あなたの「せぬひま」は、いかがだろうか。

（二〇二〇年八月六日）

五

新型コロナウイルスは、能の世界からも舞台を奪った。何しろ人が集まるということができない。緊急事態宣言が出された春のころ、大事な「能繁期」に、見事に公演がひとつもなかった。初めは書物の整理や自分の稽古に充てようとのんびり構えていたが、立て続く公演中止の連絡に、自分の存在が問われている気持ちになった。

京都市から芸術活動の緊急奨励制度が打ち出され、あり余る時間のなか、自分も応募してみようと重い腰を上げた。

日頃お世話になっている方々に声を掛け、演者の鼎談と、立花《たてはな》・素謡《すうたい》《半蔀《はじとみ》》の配信公演を企画した。コロナ禍から芸能の意義を見つめ直すというテーマで、会場は吉田山荘を選んだ。

能《半蔀》は、花の供養をしている僧のもとへ女が現れ、光源氏と夕顔の上との恋物語を語り舞うという曲。夏の風情と花前の謡《うたい》の相性がよいはずだ。

素謡のお相手の林宗一郎さんは、若くして林家十四代当主を務める能楽界の旗手。立花の珠寳《しゅほう》さんは、草木に仕える花士《はなのふ》として国内外で活躍する方で、花器に立つ花が凜として清らか、見る者の心まで素直になる。懇意で信頼あるお二人に、鼎談では芸能者ならではの「ことば」を紡いでもらう。

配信会場の吉田山荘は、東伏見宮家の別邸から料理旅館となったところで、建物の品格、座敷の陰影が素晴らしい。女将の中村知古《ともこ》さんはいつも優しく温か。私事だが、結婚の家族初顔合わせも吉田山荘だった。

先日、無事公演が好評のうちに終わった（動画は有料公開予定）。事前準備や緊張の反動で、ここ数日はもぬけの殻である。

あの時、もしコロナがなかったら。この企画は存在しなかっただろう。多くの選択の積み重なりが、今を形作っている。たくさんの分かれ道での、「どうしようかな」「しんどいな」という小さくて生々しい迷いを覚えているこの身からすると、存在し得なかったはずのものが今ここにあるという奇跡に、今更ながら驚きを禁じ得ない。

この企画は「能をめぐる旅　ことばとわざ」と名付けた。書籍化して世に問う予定である。旅はまだ続く。

（二〇二〇年九月三日）

六

靴を脱いだら揃える、ということが好きである。履物が揃っていると見た目も美しいし、気持ちがいい。玄関でも、かかとからつっかけて上がるのではなく、ひと手間、かがんで手で揃えればその所作も奥ゆかしくて品がある。

禅では「脚下照顧《きゃっかしょうこ》」という。足元を見よ、自分を顧みよということである。履物を直すという小さなしぐさにも人生のヒントが眠っているのだから侮れない。

小学生の時、健康診断であったか、児童たちが次々に保健室の入り口にお尻を向けて上靴を脱いでいく中、私は正面のまま脱いだ。先生が「こら、みんなのように靴を揃えるマナーを」と注意するのが早いか、私はくるりと回ってつくばい、手でそっと上履きを揃えた。先生は言葉に詰まっていた。

変な子どもだが、それくらい、私の靴揃えのこだわりは根深い。

お店やトイレのスリッパなども、乱れていたらちょっとだけ揃える。その場が見違えるように美しくなる。そこへ入ってきた人はすがすがしい気持ちになる。次に誰かに優しく接するかもしれない。幸せが連鎖していく。

道端にゴミが落ちていたら、誰に言われるでもなく黙ってゴミ箱に捨てるような大人が増えたなら、社会は住みよくなるだろう。靴揃えほどコストパフォーマンスのよい活動はない。

ただ、公共の場の履物を眺める限り、気にかけられないことも多いようだ。

なぜだろうと前々から思っていた。ちょっとしたことなのに。でもよく考えてみると、世の中、そのちょっとが意外に億劫であり、壁であり、実はちょっとしたことというのは全然ちょっとしていないのではないか。

他の人の舞台を見て、ちょっといいなと思うことがある。でもそのちょっと感じた良さを出そうと思ったら、すぐに真似できそうで、内実たどり着くまでには相当の時間と努力が要る。

コピーライターの糸井重里氏が、人に会うのは風呂に入るのと似ていると言った。後から「やってよかった」と思うものなのだ。よくわかる。言い訳や逡巡と闘うのが人間でもあるが、よいと思うことは、まずやればよいのだ。

新型コロナウイルスの感染が広がり、履物に触れるのもはばかられる風潮にある。私の靴揃えのレジスタンス（抵抗運動）は、いつか夜明けを迎えるだろうか。

（二〇二〇年九月十七日）

七

能が好きでそれを仕事にしてしまったから、もはや趣味がなさそうなものだがそんなこともない、例えば将棋が好きである。

日曜日の朝、テレビで将棋対局の放送がある。中学の時は、家族が休日で遅寝をしている間に、一番に早起きをして、まずテレビのある居間をきれいに片付ける。そして部屋の中心に将棋盤を据え、駒を並べる。座布団とお茶を用意する。正座をする。放送が始まると、盤面を対局と同じように進め、一緒に局面を考えて臨場感を味わう。

部屋が片付いた日曜の朝というのは、なんと気持ちがよいのだろう。その清々しさが将棋と相性がとてもよいのだ。

将棋の魅力の一つは、自分の指し手で勝ち負けがはっきりするところである。人は、現実社会で才能や努力以外で評価が決められる憂き目にあう。でも将棋は、すべて自分の指し手にかかっている。成果も責任も自分に起因する。

勝負が礼儀によって支えられているのもよい。対局は「よろしくお願いします」という双方の辞儀に始まり、敗者の「負けました」という礼によって終わる。勝者が勝利宣言をするのではない。子どもも大人も、素人もプロも、負けたら頭を下げる。これがまた清々しい。

相手への敬意が前提にある。もちろん負けるのは身もだえするほど悔しい。ましてやプロ棋士なら、自分の人生を賭け、すべてを注いだ結果が返ってくるのだから残酷でさえある。サイコロの出目が悪かった、という偶然性の言い訳ができない。負けたらきちんと頭を下げる。当たり前のことのようだが、実社会で負けや過ちを素直に認めない大人のなんと多いことか。

さて最近は、プロ棋士たちの、どんなに苦しい局面でも諦めずに手をひねり出す姿勢に強く惹かれている。大山康晴《やすはる》十五世名人は「助からないと思っても助かっている」という名言を残した。絶体絶命の局面でも、広く冷静に分析し、最善を尽くせばまだまだ戦える。難解な局面を諦めない。

自分の不遇を嘆くより先に、かすかな希望を探し、泥の中を這いつくばって戦機を窺う。自分の手持ちの道具の中からどうにかして局面を打開していく「ブリコラージュ」（文化人類学の概念）は、まさにやり直しのきかない舞台を創る姿勢と大いに共通している。

（二〇二〇年十月一日）

八

この夏に立花《たてはな》と素謡《すうたい》の配信公演を終え、書きためた文章と合わせて本を出す。このプロジェクトを「能をめぐる旅　ことばとわざ」と銘打った。

最近は「ウェブの場」についてずっと考えている。なまの舞台が一番という意見に反対の舞台人はいないだろう。舞台は演者と観客の相互の呼吸で生まれるものだから。ではそこに「居ない」相手に、どうやって舞台の空気や共在感覚を伝えるか。

「肌で感じる」と言うように、人間はその場から、自分で思っている以上の多くの情報を身体で感じ取っている。意識的感知や外形的数値からこぼれた多くのシグナルは、侮れないものだ。

自粛期間中は今さらに、能舞台の常座に立って謡う時の、見所《けんしょ》の眺め、温度、匂い、気の高まり、場の密度などを思い返していた。場のそれぞれに「色」があった。当たり前の景色の中に、頭だけでは捉えられない何かを感じていたらしいことを時間差で実感した。

舞台なら無言でも感じ合う、私がいて、あなたがいる、という感覚。その鋭い切り取りこそ、能の配信公演の勝負のように思う。室町時代生まれの能楽は、茶や香や連歌と同じく、一座建立が本義の芸能だからだ。

電話、テレビ、スマホ。人は時代ごとに新しい現実と向き合ってきた。能の配信公演はこれからである。

ヒントめいた事を少し覚え書きしたい。

謡い舞う演者、囃子《はやし》、揚幕《あげまく》の上げ下ろしに至るまで、能はすべて人力による。電力の照明や音響を介さない。その直接の手作りが、観客に素朴な安心感を与えるものらしい。印刷技術がどんなに発達しても、自筆の手紙がなくならないのと似ている。

古い京都の先生に、「昔は、お能はよう見ません、やっぱり素謡の会がよろしおすなという方がいたもんや」と聞いて、驚いたことがある。能から謡《うたい》を抽出したものが素謡で、その味わいを楽しみこそすれ、「本体」よりも愛好する層が以前はあったのだ。装束や囃子のない、言葉だけの世界。大スクリーンの映画よりもラジオドラマ、といったところか。

豊かな時代だったのだなと思う。でも素謡は、提示の仕方次第では配信ととても相性がよいようにも思う。現代のテクノロジーによって意外とその復権がもたらされるかもしれない。

「ことばとわざ」という一石は、どこまで波紋を広げられるだろう。

（二〇二〇年十月十五日）

九

いつの時代も、失敗談というのは蜜の味を持っている。楽屋でも話題に上がりやすいし、古い名人の芸談集にも、舞台での苦い体験などが書いてある。あんな偉人も人間だったのだと、少し安心する。

しかし、我々は玄人である。失敗は許されない。

本番の舞台まで稽古を積み重ねて、謡《うたい》や型を身体に染み込ませる。補助輪の外れた自転車を無意識に運転できるように、それをそれと意識せず自然に表現できるまで。

無心で舞う。そんな境地が理想である。

ただ、あまり上演されない曲や似通った演目の公演が連続すると、骨が折れる。能は一日一公演限りなので、他の芸能のように一定期間ずっと同じ興行に参加するわけではないのだ。忙しい時期は、連日に何曲も抱えることになる。

恥ずかしい話だが、私にも舞台の失敗が少なからずある。冷や汗の経験も多い。

例えば謡で、「都に」だったか「都へ」だったかとか、文末の節《ふし》の装飾が一字目だったか二字目だったかとか、ふっと魔が差し、迷い出すと止まらない。右か、左か。お前はどちらの道を行くのだ。こういう選択に迫られることは、舞台に限らず、人生の岐路から日常の些細な出来事まで多くある。だが、時計の針は止まってはくれない。

私の経験則では、舞台で迷いに迷って下したその決断は、たいていの場合、間違っているものである。誠に残念な、不思議な因果だが、舞台人ならば心当たりがあるのではないか。迷い始め、頭を瞬時に数万回転させ選び取った道は、多くは行き止まり。将棋で、秒読みに追われ、要らぬ受けの手を指してたちまち形勢を損なうようなものだろう。

名手やベテランの背中からは、そのような選択の迷いを感じない。

能は、初めの笛のヒシギからシテの留《と》メの足拍子まで、一本の気で具体的に繋がっている。思うに、その大局の流れを知らざるがゆえに、判断を誤るのだろう。否、選択に脂汗を流す時点で、勝負は半分以上決しているのかもしれない。稽古が足りひんから、間違えんのや。四世井上八千代の言と聞いている。鉄の稽古で知られた名人の言葉だけに、重い。

（二〇二〇年十月二十九日）

一〇

京都大学の院生だった時、国文学研究室の先輩の紹介で、烏丸今出川のあるお家のお手伝いに通うことになった。能の世界に入門する少し前のことだ。

冷泉家という。鎌倉時代の大歌人、藤原俊成・定家親子の子孫で、八〇〇年近くの脈を伝える和歌の家である。今は二十五代目の冷泉為人《ためひと》先生がご当主。「古文書の正倉院」とも称される御文庫には、国宝はじめ膨大な典籍が収められ、その調査が主な仕事だったが、事務局の作業や生活のお手伝いもする。門人さんの和歌会の準備、会報の発送、お客さんのお茶出し、和歌懐紙の清書、原稿の校正、年中行事の手伝い、雨戸の開け閉め、犬の散歩、とにかくさまざまな「業務」がある。冷泉家は世間の見た目よりも忙しい。

学生のその時分からずっとお世話になっている。私事だが、結婚式の御媒酌も冷泉ご夫妻にお願いした。冷泉さんだからと、各界の大勢の方が来て下さった。

冷泉家を見ていて思うのは、有形無形の生活の諸々、何かにつけて層が厚い。およそ多くの日本人は、明治維新と太平洋戦争で大きな文化的断絶がある。京都の「こないだの戦争」が何を指すかはさておき、折々に多種多様な人・場所に立ち会わせてもらい、これが都人かと思ったものだ。

当主夫人の貴実子さんが、幼い頃から家の神さんを「シュンゼイキョー」「テイカキョー」と教えられ、学校の授業で藤原俊成卿・定家卿が歴史上の実在の人物と知ってたいそう驚いたというのは有名なエピソードである。

長く古い家には、相当なヒトやモノとの繫がりがあり、出入りも多く、大小さまざまな事が起こる。嬉しいこと、悲しいこと、ややこしいこと。その対処とか、応じ方がまさに京の作法であったし、もっと言えば、何百年と続く都の風に則っていた。言いよう・振る舞いひとつで結果は大きく異なる。これが謦咳《けいがい》に接するということだろう。

人間には、自分本体の部分と、自分の周りに醸し出されるその人の気色というものがある。前者は教科書やマニュアルによってある程度教育可能だが、後者はいろいろなものを見聞きし、体験しなければ、自分にまとわる匂いとして染み着かない。

テイカキョーの余香に自分も少しでもあずかったのなら、それはかけがえのない財産である。

（二〇二〇年十一月十二日）

一

能の台本である謡本《うたいぼん》は愛好者のために広く頒布されているが、能にも演劇のト書きのような型・所作の書き付けがある。型付《かたつけ》という。

ここで舞台の中央へ行くとか、そこでシテを見るとか、あそこはこんな心持ちで謡うなど、動作から心得まで内容はさまざまだが、まさに能の「虎の巻」であり、演者によって大切に伝えられている。

型付を読んでいると、たいていはシンプルに、むしろそっけなく書いてある場合が多い。不親切なのではない、あえて抑えて書いてあるのだ。行間を師伝で埋めろということである。

我々能楽師は、たとえ型付が手元にあったとしても、必ず師匠に習いに行く。習うということが大事なのである。型付の真意や、現行の工夫などを今に生きるわざとして教わるのだ。つまり型付はあくまで補助的な手段であって、芸は人から人に伝承するのである。

ロラン＝バルトの言を俟《ま》つまでもなく、言葉というのは独り歩きする。伝言ゲームがおかしいのは、取り違えが積み重なるからである。型付の筆者はその危険をよくよく知っている。

型付の言葉は、曲の等級により、読む者の力量を問う。相手を選ぶ。封建的に思われるかもしれないが、浅薄な者が型付をかじって「この曲の極意は」などと語っても白ける。型付を学ぶことは大事だが、その裏付けとなるべきは自分の血肉であり、師の稽古である。

ただ、言葉というのは書き付けにすることで、時を超えることができる。舞台の芸はその演者の身体とともに滅びる運命にあるが、書き付けの教えは、後学のために幾世代を経てもなお光り、道を照らすことができる。

型付は、先人たちからの贈り物であり、能というものへの問いかけであり、対話のメッセージである。それを現代に生きる我々がどう受け止めるか。自分の一生涯をかけても理解できない言葉があるかもしれない。対話の相手にもされないかもしれない。恐ろしいものでもある。

しかし、本来言葉というのはそれだけの重みを持った存在のはずである。言葉を蔑ろにするまともな人間がいたためしがない。

助詞一つの使い方から、微妙な言い回し、さらにはあえて書かなかったこと、それらすべてに思いが詰まっている。私はそう思う。

（二〇二〇年十一月二十六日）

一二

学生時代は能楽部と掛け持ちでもう一つ、茶道部に入っていた。部長を務めたりしてむしろ比重が大きかったかもしれない。

京都大学心茶会。創設者は京大教授で哲学者、茶人でもあった久松真一。裏千家の多大な後援を得つつ昭和十六年（一九四一）から続いている。

茶道と坐禅の錬成が目的で、一般的な茶道部をイメージすると面食らった。まず、毎週の活動日を接心会《せっしんえ》という。禅の修行の呼び名である。着物かスーツで参集し、接心中は私語厳禁、茶席の前に数十分の端座があった。この坐禅で新入生が何人も脱落した。

事前に点前の稽古をしてくるのは当たり前で、茶席後に、連客から一言ずつ指導を受けた。甘い態度の者には上回生から厳しい言葉が飛んだ。ある者は泣いた。先輩が恐ろしいからではない。自分が情けなくて悔しくて涙を流すのである。毎回の活動は練習会ではなく、すべて本番なのだった。禅語でいう処々全《しょしょぜん》真《しん》、一期一会の精神が求められた。

各寺にお世話になったが、特に栂尾高山寺とは深い御縁があり、夏に数日間の合宿があった。これも厳しかった。朝四時半に起きて坐禅、午前は掃除などの作務。午後は稽古と坐禅。九時過ぎ就寝。山上の水は貴重とて無駄にせず、部員が多いと入浴は毎日はなかった。私語も一切なく、導師役の先輩が鐘や箸の上げ下ろしで周囲に指示を出した。厳密な禅のスタイルである。

折々の茶会では、立候補した亭主が事前総会で茶席の道具組みをプレゼンテーションした。茶道具の特徴や歴史、禅語を知っているのはもちろん、それをどう解釈するか、自分の言葉で理論や感性を説明できなければならなかった。連日深夜まで部室で皆で紛糾した。京大生の性《さが》だろうか。

生半可な動機ではとても続けられない、厳しい会だった。茶によって自分を鍛え磨く場だった。久松真一の「心茶」という命名の深意も象徴的に思う。

究極の点前とは何かを考えたことがある。点前の一挙手一投足。しかし茶席には相手があり、どんなに準備しても予期せぬことが起きる。自分の素が出る。その地力は点前の型だけではなく、日常生活そのものの稽古、つまり生き方が問われる。とすれば、「人生の達人」を目指す禅と茶とが結び付くのは納得がいく。思えばそれは舞台とも似ている。数年後、私は能楽師になるのだった。

（二〇二〇年十二月十日）

一三

連載も最終回となった。長くご愛読賜ったご縁にただただ感謝である。縁は不思議なものだ。縁は遡及的にしか説明できない。

高校の同級生に、アナウンサーの平井理央さんがいた。彼女は当時から有名人だった。しかし中高と同じだった中田敦彦くんがオリエンタルラジオとして一世を風靡したのには心底驚いた。彼は中学のとき私が新設した茶道部にいた。

他にも功成り各界で活躍する友人が多い。どうして多いのかはわからない。私も特殊な職業に就いたので、進路相談の講師に招かれることがある。「成功の秘訣は」と質問されるのが一番困る。この先の人生は未知だし、そもそもどうやってここまで来たのか、後付けで説明できても、前進する術は人それぞれだからだ。運だって大きい。

「ご縁ですかねえ」と頭を掻きながらいつも苦笑するしかない。

私を斯道《しどう》に取り立てて下さった師匠とのご縁は最大の幸運だった。谷田宗二朗先生。大正生まれの控えめで小柄な先生だったが、芯の強い方だった。戦争のシベリア抑留の苦労話が十八番だった。先生のお話を聞くのが大好きで、能楽部で指導を仰ぐ機会を頂いて以来、度々お宅に通うようになってそのまま弟子にして頂いたようなものだった。

今でも先生の写真は高いところに飾り、舞台の出勤料を頂戴するとまず御前に供えている。先生は舞台が終わると必ず「今日の舞台、どうやった？」と尋ねられる方だった。

良縁は良縁を呼ぶ。それは知っている。ではその良縁を手繰り寄せるノウハウはというと、やはり正解など存在しないのだ。

人生は一から自力で切り拓けるという言説に出会うと、眉毛を濡らす。魅惑的だが、例えば、自然は人間が完全に制御できるなどと豪語するのと同じだと思う。人それぞれ決まっている定めというものを、いかに誠実に、しなやかに、楽しく受け止めていくか。ご縁を大切に、毎日を十全に生きていくか。それが本当のところではないか。あの新型コロナウイルスとの賢い付き合い方も、このあたりにヒントがありそうな気がする。

私としては、この小文のご縁が、能を観てみようと思う機縁に繋がることを祈ってやまない。能の魅力が広がることは、芸能には不可欠な平和が世の中にあまねくもたらされることでもあるのだから。

長い期間、どうもありがとうございました。

（二〇二〇年十二月二十四日）

おわりに

本のタイトルに、「舞台のかすみ」とつけた。

舞台の記憶に霞《かすみ》がかかって、能が日々遠くなる焦りやかなしみを表そうと思った。何度も書いたように、舞台人にとって、舞台のイメージが遠くなることは危機を意味する。

新型コロナウイルスには、二つの災いがある。

一つはいうまでもないその毒性だが、もう一つ、社会を停滞させ、人びとの仕事を奪うことも大きな災厄にほかならない。

社会は多くの人が関わり合い、助け合って暮らしている。一人で生きている人はいない。リモートワーク、オンラインのみで働く人の生活にも、どこかのフェーズではかならず実労働に従事する人がいて、その恩恵をこうむるものだ。

この循環は、人と出会ったり、なんらかの接触を前提にまわっている。ことに芸能は、人の集まりが欠かせない。集会がかなわなければ、神仏への祈りを残して、芸能者は仕事を失う。衣食住の手立てがなくなる。

つまりは収入がなくなってしまう。固定の給与はない。舞台をつくる人間がお金の話をするなんて、夢を覚ますようだが、能楽師は霞を食べて生きる仙人ではないから、当事者には死活問題だ。だからこそ、コロナ禍はたいへんなのである。

江戸時代は、能役者は幕府や藩のお抱えで、公務員としての手当が保障されていた。ひたすら舞台に備えて稽古のことだけを考えておけばよかった。しかし現在、ほとんどの能楽師は、興行会社や芸能プロダクションに所属しているわけでも、国家や寺社仏閣の職員であるわけでもない。ほぼみなフリーランスの個人事業主である。さらにいえば、じつは舞台収入だけで生活している能楽師は少ない。素人弟子の稽古や後援者の支えによって生計を成り立たせている。まったくの純粋なステージプロは、いったい何人いるのだろう。

能は一回公演のうえ客数も限定的で、世間に思われているほど儲からない。これはこれで、業界の新しい公演形態を以前から模索しつづけられているが、いずれにせよ、舞台収入が止まれば生活は行き詰まる。

私の場合はどうであったか。

赤裸々に告白すれば、大学の出講と時折の原稿料だけでは生活できない。共働きの妻がいてくれたおかげで、ただちに明日の白飯と住まいは失わずに済んだ。私の教室に通ってくれているお弟子さんの稽古や、自分がささやかに主催する能楽イベントは中止や延期に追いこまれ、苦労を重ねたが、ちょっとつつましく暮らしていれば、まあなんとかなった。あとは生来ののんびり屋であることもあり、はじめてコロナ禍を経験した令和二年の陽春は、家事にいそしみ、散歩や身辺整理に精を出していたのは書いたとおりである。

歴史的にも、明治維新や第二次世界大戦の動乱など、社会がどん底のとき、能楽は先人たちの苦労によって生きのびてきた。そう簡単に能は滅びやしない、この嵐が過ぎ去るまでの辛抱だとじっと待った。

いっぽう、まさにその時代の混迷で、後継や伝承の途絶えてしまった流儀や家が多かったことも、歴史が証していた。危機はすぐ隣にあるということかもしれなかった。

連絡が疎《そ》になったどの能楽師たちも、のんびり稽古や家事をしていたわけではないだろう。自分の身だけならばまだしも、養うべき人を抱えていたり、公演の催行をめぐって状況に振り回されたり、舞台施設や文化財を維持しなくてはいけない人は、収入ゼロのなか大きな経費を抱えて、苦しい日々を過ごしていたに違いない。今晩のおかずを二、三品減らしてどうにかなる問題ではなかった。

コロナ禍がもたらした能楽の霞は、濃き淡きに幾重にもまとわりついて、舞台を遠く遠くに追いやった。この先どのように進めばよいのか、五里霧中の迷いにあった。

そもそも霞とは、細かい水滴やちりが空気中に広がって、向こうがぼんやりとする現象をいう。霧や煙の薄い帯のただよいは、古典では山や桜、月にかかり、春は霞、秋は霧と呼ぶ。

春の遠山にかかる霞は愛でるものである。山あいに万木《ばんぼく》の桜が咲き乱れれば、一面どこから桜でどこから霞か、といった趣向となる。

「春霞色のちぐさに見えつるはたなびく山の花のかげかも」――藤原興風《ふじわらのおきかぜ》
【春霞の色がさまざまに見えているのは、たなびく山の花の影なのかなあ】

心の悩みやわだかまりを表すこともある霞だが、古典ではそのあいまいさを、愛しているようにさえ感じる。ほのかではっきりしないことは、無条件にわるいことのようだが、隠微で、情趣に富み、やさしい美しさの表現にはむしろ霞が欠かせない。

「霞立つ春の山辺は遠けれど吹きくる風は花の香ぞする」――在原元方《ありわらのもとかた》
【霞の立つ春の山辺は遠いけれど、吹いてくる風は花の香りがするよ】

春霞から花の香りが運ばれてくる。現実には遠山の花なんてここまで香るとも思えないが、花を愛でる心がそう感じさせる。幻の花と現実の感性が連続するのは、霞の橋渡しがあって成立するものだ。

日本画の屏風絵では、場面の移り変わりで金雲の霞が景物をうまくつないで一つのまとまりをつける。それを見るといつもこの『古今和歌集』の二首を思い出す。

能の劇は、この世とあの世のはざま、あわいに身を置き、いにしえの記憶を、観客がいま起きている事件として目撃することである。

能の詞章も、日本語の特性を活かして、彼の事件が自分の事柄であるかのように、ことばの人称をあえてあいまいにしたり、地や天の声として地謡《じうたい》をうまく利用したり、工夫がある。これには同時代の連歌の影響がある。《半蔀《はじとみ》》の詞章にも、僧の台詞か、女の台詞か、観客のことばか、描写か、なんともいえぬ言い回しに浸るところがある。そもそも主人公のシテの女でさえ、夕顔の花の精なのか、『源氏物語』の夕顔上の亡霊なのか、あいまいに、ぼんやりとあわく描いている。白い花がふんわりと笑顔をひらくように咲く不思議な夢を、能は私たちの前に描いてくれる。

明確でないことは悪であるという価値観からすると、たいへん煩わしく厄介な表現かもしれない。でも、私はその妙味が面白いと感じる。現に美しい。奥深く大事なところは、薄いベールにいくつもいくつも包まれて、遠くほの暗く、かすかになっていく。

思えばその深いところに、ことば（文章）やわざ（稽古）のアプローチで手をのばそうとしていた、このコロナ禍であったのだろうか。

ただひたすらに稽古すべしという決意や、それで得た身体的安心は偽りではない。また、見えない未来の光を感じた感覚も、うそではない。うそだと思ったら書かないし、単純な理想論と思えばそれこそ恥ずかしくて書けない。頭の理詰めでは腹の足しにはならないのだけれど、不思議な身体の確信がかすめたからこそ書いたのだ。

だからといって、これからの生活をどうするのか、社会的な問題をなおざりにしていいとも思わない。時代がよければなんとのう暮らしていけたのかもしれないが、そういう時代でもないし、疫病天災や社会生活は他人との関わりを避けて通れない。源平合戦の熾烈な争いで大歌人・藤原定家は「紅《こう》旗《き》征《せい》戎《じゅう》吾《わ》が事に非《あら》ず」（大義の戦争であろうと、芸術に生きる私には関係のないことだ）と自身の日記に記したが、社会の動きにしんから無関心ならばそもそも書かないわけで、ある意味これは痛烈な社会批判とも取れる。

私は、おおいに迷う。

だからそのつど、考え、迷い、行動する。わかりやすい唯一解があればうれしいけれど、複雑で込み入った問題に、その場その場で答えを模索するしかない。

そういえば、あらゆる舞台にも正解はない。ベテランのプレイヤーもその胸中は工夫と逡巡に満ちているという。これも同じということか。

このかすみは、生涯付き合っていくものなのかもしれない。

それが人間であり、生きるということか。環境にかかるかすみが晴れ、ほんとうの舞台上のかすみを眺められる日が来るのを、心から願っている。

末尾ながら、友人の編集者・新居未希さんにはこの「ことばとわざ」プロジェクト全体の助言から文章のチェックまで、終始お世話になった。その事業のまとめとして自費出版しようとしていたのを、ミシマ社社長の三島邦弘さんが大きく応援してくれ、自分には過ぎたかたちで上梓することになった。配信公演の林宗一郎さんや珠寳さん、有斐斎弘道館の濱崎加奈子さんや吉田山荘の中村知古さんは陰に日向に助けてくださった。何より妻の有里には、ここに書ききれない支えをもらった。多くの方々に感謝を申し上げて、この本を世に送り出したい。

令和四年三月

有松遼一

初出　第五章「四季つれづれ一〜一三」
朝日新聞 京都版、二〇二一年六〜十二月（各掲載日は本文に記載）に
加筆・修正をおこなっています。

写真　黄瀬麻以（一〜八頁）　取材協力：林宗一郎
初出：『tempo2』
（富士通株式会社ソーシャルデザイン事業本部、二〇二一年二月十五日）
渞忠之（一二九〜一四四頁）

有松遼一　ありまつ・りょういち

一九八二年東京都生まれ。能楽師ワキ方。京都大学大学院文学研究科博士課程（国文学）研究指導認定退学。同志社女子大学嘱託講師。京都大学在学中の二〇〇七年に能楽師ワキ方・谷田宗二朗師に入門。京都を中心に全国の舞台に出演。アメリカ、ヨーロッパなどの海外公演にも参加。大学の講義では能楽や和歌など古典の魅力を伝え、能が現代に生きる芸能・舞台芸術であることを問いつづけている。本作が初の単著となる。

舞台のかすみが晴れるころ

二〇二二年三月十五日　初版第一刷発行

著者　有松遼一
発行者　三島邦弘
発行所　ちいさいミシマ社
〒六〇二-〇八六一
京都市上京区新烏丸頭町一六四-三
電話　〇七五（七四六）三四三八
FAX　〇七五（七四六）三四三九
e-mail hatena@mishimasha.com
URL http://www.mishimasha.com/
振替　〇〇一六〇-一-三七二九七六
ブックデザイン　いわながさとこ
組版　有限会社エヴリ・シンク
印刷・製本　創栄図書印刷株式会社

ISBN 978-4-909394-65-1

特別寄稿集

原稿を確認しているとき、ふと、「十年前の自分」にこの本を渡したらというシチュエーションを空想した。

タイムマシンに乗り、昔の自分にこの寄稿文集から本の「著者」を当てさせたら、たぶん錚々《そうそう》たる面々を答えて大ハズレするだろう。能楽の縁で同じ入門冊子に掲載された内田樹さん、圧倒的な舞台とやわらかいアイディアでいつも導いてくださる大倉源次郎さん、「沖宮」の大舞台以来さまざまな催しでご一緒する志村昌司さん、和歌の値遇を得て「ご本楽しみですね」と微笑んでくださった原田マハさん、初対面のミシマ社忘年会でじつは実家が近くて仰天した森田真生さん、公私の恩人で厚かましくも結婚の媒妁人までお頼みした冷泉貴実子さん。

能楽師かけだしの私に、この本を贈って、未来で濃いご縁を頂戴するから精いっぱい頑張れと激励しよう。なぜなら、きっと十年後からやってくる私にも、コロナに負けず気張ってやりやと背中を叩かれると思うから。

寄稿者

身に浸みる声

内田樹

合気道という武道を長く修業している。師匠の多田宏先生に「武道家は響きのよい声をしていなければならない」と教わったことがある。先生はその喩えとして「オールドバイオリン」のことを話してくれた。

イタリアの田舎にゆくと古い時代のバイオリンを所蔵している家がある。そういうバイオリンは独特の音色がある。決して大きな音ではないのだが、石の壁を隔てた遠くの部屋でも聴き取ることができる。そういう石に浸み込むような声を身に着けるのも武道修業のたいせつな部分であると先生から教わった。

たしかに、学会でもそうだった。どれほど発表の内容が立派でも、甲高い声や、耳障りな声で語られると、身体が緊張して、うまく話を受け止めることができない。どんな分野でもそうだと思う。アイディアが独創的だということは要するに「聴いたことのない話」だということである。だからまず聴く側の、「未知のものに対する警戒心」を解除しなければならない。そうしないと、話の先を聴いてもらえない。このとき、警戒心が発令されたり、解除されたりするのは、実際にはコンテンツの当否にはかかわらない（まだ聴いてないのだから当否の判断が下せない）。話を聴くか聴かないかは最初に耳に入って来た「声の響き」で決まる。

長く大学の教師をしてきて、教壇から学生に話しかけるときに、どういう声の響きが求められるのか、経験的にはわかった。大きい声である必要はない。学生たちの「耳に届く」声でなければならない。いや、「耳」というよりはむしろ「身」に浸みる声というべきだろうか。何を話しているのかよくわからないが、なんとなくこの人の言っていることは「身に浸みる」という印象を残したい。

わかっているのは、声がなめらかに出ないというのは心身の歪みと相関するということである。心身に緊張があれば声はなめらかに出ない。逆もそうだ。竹内敏晴は変声期の男子中学生を観察してこう書いている。中学一年生の少年はのびやかであどけないが、二年生になると緊張が進行し、「三年生になると、ほぼ全員が、もはや均整のとれた姿勢をしていない。肩がどちらかへ傾く。首が仰むくか、うつむくか、左右いずれかへ傾くか」（『ことばが劈かれるとき』ちくま文庫）。

声がうまく出ないというだけで身体はひどく緊張する。声がなめらかに出れば心身がのびやかになり、心身がのびやかになれば声がなめらかに出る。卵が先か鶏が先か、どちらが先ということもない。同時的に生起することなのだ。この「のびやか」と「なめらか」が「浸みる」声をつくりだす。

はじめて能楽の稽古に行ったときに、師匠の下川宜長《しもかわよしなが》先生（観世流シテ方）の謡を差し向かいで聴かせてもらった。そのときに先生の頭骨や横隔膜や内臓までもが共振していることがわかった。微妙な遅速の差をともないながら、音質の違う波動が全身から発されている。そして、そのおしよせる波動に私の身体まで共振を始めた。そのときに、あるいはこの「音の複数性・多起源性」ということが「浸みる」という現象の本質ではないかという気がした。

耳で聴くというのではない。送られてくる波動にこちらの身体が共振するのである。だから仮に発されている音量そのものが小さくても、聴き手である私の身体が音を再生しているのだから聴き取れて当然である。これが多田先生の言われた「オールドバイオリンのような声」のことでないのかとそのときに思った。

先生が「響きのよい声が出るように武道を稽古をしなさい」と言われたのは、自分の身体の複数の部位や機能のすべてが同期するように心身を用いなさいということだったのだと思う。そのとき、波動は拡がって、そこにいる人たちの心身に浸み込む。

そのようなことばとわざをめざすことは武道の修業にも、能楽の稽古にも、そして人に向けてことばを届けようとするすべての営みに共通するもののように私には思える。

内田樹（うちだ・たつる）
一九五〇年東京生まれ。東京大学文学部仏文科卒業。東京都立大学大学院博士課程中退。神戸女学院大学を二〇一一年三月に退官、同大学名誉教授。専門はフランス現代思想、武道論、教育論、映画論など。著書に、『街場の現代思想』（文春文庫）、『私家版・ユダヤ文化論』（文春新書・第六回小林秀雄賞受賞）、『日本辺境論』（新潮新書・二〇一〇年新書大賞受賞）、『街場の教育論』『増補版 街場の中国論』『街場の文体論』『街場の戦争論』『日本習合論』（以上、ミシマ社）など多数。第三回伊丹十三賞受賞。現在、神戸市で武道と哲学のための学塾「凱風館」を主宰している。

スマホを捨てよう、能を観よう

大倉源次郎

能楽の六七〇年に及ぶ歴史の中で様々な困難を乗り越えた先人の念《おも》いが繋がる試練が訪れました。平和ボケした戦後を育った小生にとっては大変なショックでした。

一九九九年九月の東海村JOC臨界事故。阪神、東日本大震災。そして津波と原発事故の次に来る人類共通の試練はUFOからの侵略者か？　と、予測していたのに、思わぬウイルスという宇宙最古の生命体ともいえる伏兵が目前に迫って来たことに正直驚きました。

そして、この後に来る人の心が荒むことが何より恐ろしいと感じるのは小生だけではないと思います。友人の心臓外科医が教えてくれたが疫病《えきびょう》は流行病。疫病《やくびょう》は心に住みつく病で疫《やく》病神と、同じ漢字を書くことに先人達が度々乗り越えた歴史を考えざるを得ません。

ここで蓄積されたデータの宝庫。能楽が活かされなければ能楽師の先祖達が必死で作り遺してくれた意味を為さないと正念場を迎えた心境です。

さて、戦前うまれの度胸が据わった先生方は、爆弾が落ちて来ないだけマシだ。まして人を殺しに行けと命令されないだけ良いと思え！とお思いかもしれませんが、この現状には修羅能を完成させて戦の虚しさを戦国武人達に説き続けた能楽師たちの苦悩の声が聞こえてきそうです。

南北朝動乱の時代に生を受けた観阿弥、世阿弥親子が修羅能を完成させて実に平和の徳川時代を迎えるまでに二〇〇年がかかっているのです。

前置きが長くなりましたが、文化庁では様々な文化芸術を映像に残すことを推進しています。これはこのコロナが原因で技術の伝承が途絶えることを危惧してのことで、良い映像で人の行い自体を後世に残したいとの人間本来の念いがそうさせているとも思えます。

能楽は様式美の極致と評されますが、能面、装束という様式の装置の中に役者が成り切るのではなく成り入ることで、リアリズムの世界ではなく、虚構の舞台の上でよりリアリティの在る世界が表現できるのです。

オペラやミュージカルが、リアリズムの指向でオーディションを行いキャスティングをして舞台を作ったときに『美女と野獣』の役者が入れ替わることはまずないでしょう。

しかし、能楽では能面と装束という装置のおかげで、『通小町《かよいこまち》』のシテとツレが入れ替わることが可能なのです。逆にいうと能の場合はその役に成り入れる役者が必要です。映像に残す際は、その部分を映像化することに長けた監督とカメラマンが必要です。

ですが、現場で映像に残す仕事に携わると、二次元の限界を感じざるを得ません。また、仮想現実を映す技術や、三六〇度マルチカメラによる能楽の収録など、最先端の技術をもって収録すればするほど、生身の人間が発するエネルギーが伝わらないことに限界を感じてしまいます。

昭和三〇年代までの白黒映像では演者のエネルギーが伝わってくる、と感じた方はいらっしゃると思います。惟みるに白黒映像ではすでに見る側の想像力が刺激されていることで感性の部分が補足されているのではないでしょうか。これはラジオドラマやラジオ世代の人にはわかる感覚かもしれません。人間のもつ想像する感覚が見えない部分を補う役目を果たすからだと考えます。

より鮮明にリアルに見せようとする映像技術に対して、見えない世界を感じていただく能楽という舞台芸術の難しさと面白さがここに見え隠れします。

これからの能楽の映像作品は役者を見せるのではなく其処に在る見えない世界を感じていく舞台芸術として観る側の想像力に働きかける

作品が求められます。より本物の能楽を観たくなる映像を創る責務があると考えています。

そのためにも能楽をもっと観てその良さを知って、感じてほしいのです。最後にもう一度、スマホを捨てよう。能を観よう！

大倉源次郎（おおくら・げんじろう）
大倉流小鼓方十六世宗家。重要無形文化財保持者（人間国宝）。一九五七年、大倉流十五世宗家大倉長十郎の次男として大阪に生まれる。六四年独鼓「鮎の段」で初舞台。八五年大倉流宗家を継承。著書に『大倉源次郎の能楽談義』（淡交社）、『能から紐解く日本史』（扶桑社）。

新作能「沖宮」をめぐって

志村昌司

二〇一八年秋、石牟礼道子《いしむれみちこ》原作の新作能「沖宮《おきのみや》」が、能楽金剛流によって熊本、京都、東京の三都市で公演され、私は企画・制作として関わらせてもらった。「沖宮」は石牟礼さんの思想のエッセンスがつまった遺言とでもいうべき最後の作品であり、公演を心待ちにされていたのだが、残念ながら公演を待たずに二〇一八年二月十日に亡くなられた。辞世の句が「村々は　雨乞いの　まっさいちゅう　緋の衣ひとばしらの舟なれば　魂の火となりて　四郎さまとともに　海底の宮へ」であったと聞いたとき、何か魂が揺すぶられたような感じだった。

「沖宮」は幼女「あや」と「天草四郎」の道行の物語である。島原・天草の乱の後、日照り続きであった下天草の村で雨乞いの儀式をすることになり、雨の神さまである竜神への生贄として、無辜《むこ》の幼女である「あや」が選ばれる。緋色《ひいろ》の衣を着せられた「あや」が、たった一人彼岸花で飾られた緋の舟で沖へ沖へとこぎ出したとき突如「竜神」が現れ、「あや」は稲妻に打たれ海底へ沈んでいく。そこに亡霊となった「四郎」が現れ、「あや」とともに海底の生命の宮である沖宮へ道行し、村には恵みの雨がもたらされる、というストーリーである。村人のために犠牲になった「あや」、「四郎」、ひいては近代化によって犠牲になった人々の鎮魂と救済の物語でもある。

それにしても文学者である石牟礼さんはなぜ能という芸能にこだわったのだろうか。もともと石牟礼さんは若い頃チッソ本社の前で座り込みをしているときに、世阿弥の『風姿花伝』と出会い、それ以来常々能は究極の表現形式だと考えていた。能はなまなましい人間の感情をそのまま伝えるのではなく、深く掘り下げ様式化するがゆえに、かえって雑味がとれ物事の本質が伝わる芸能である。石牟礼さんは文学を書きながらも、最終的には能にいきつくという予感があったようだ。実際「沖宮」以外にも、「不知火《しらぬい》」という新作能も書いておられるが、最晩年の石牟礼さんは能とともにあったと言える。

現代は言葉がかつてないほどあふれている一方で、これほど言葉が通じない時代もない。「言霊《ことだま》」という言葉があるように、昔は言葉とその背後の魂とが相即不離に結びついていたが、今では魂が抜かれ、単なる記号としての言葉、情報としての言葉でしかなくなってしまった。それは色彩も同じことで、世の中に色はあふれているが、生命を宿した色に出会うことはめったにない。「沖宮」の舞台では、「あや」の装束の緋色は紅花、「四郎」の装束の水縹色《みはなだいろ》は臭木《くさぎ》で制作したのだが、それも石牟礼さんの「言霊」にふさわしい装束は植物の色の精《せい》、「色霊《いろだま》」を宿したものでなければならないと考えたからである。

水俣には「魂うつれ」という言葉があるが、芸能、芸術の本質的な存在意義は私たちの魂の共有にあるのではないだろうか。希望を持って言えば、それは私たちの間だけではなく、生者と死者、生類全体にも広がるものでありたい。「水俣病を経た今、宗教は死んだ」と石牟礼さんは述べているが、既存の宗教に代わるべき新しい神話、いわば生命の神話を石牟礼文学は示していると思う。そして、新しい神話の継承を托されたのが能のもつ「ことばとわざ」だったのかもしれない。

志村昌司（しむら・しょうじ）
株式会社ATELIER SHIMURA代表。一九七二年京都市生まれ。京都大学法学研究科博士課程修了。京都大学助手、英国Warwick大学客員研究員を経て、二〇一三年、祖母・志村ふくみ、母・志村洋子とともに芸術学校・アルスシムラを設立。二〇一六年、染織ブランド・アトリエシムラ設立。二〇一八年、二〇二一年、新作能「沖宮」（石牟礼道子原作）をプロデュース。著書に『夢もまた青し』（河出書房新社）。

言わぬが花

原田マハ

日本語には特有の美しい言葉や言い回しがある。その中のひとつが「言霊」である。

日本では、古来、言葉には精霊が宿ると信じられ、言葉を大切にする者は幸を授かるとされてきたという。そんな言い伝えから「言霊」という言葉が生まれたのかもしれない。

万葉集では柿本人麻呂がこう詠んでいる。

〈志貴島の日本《やまと》の国は事霊の祐《さき》はふ国ぞ福《さき》くありとぞ〉

作家というのは言葉を紡ぐのがもっぱらの仕事である。日本語で小説を書く、そのやりがいと難しさを私は常々感じている。本稿をしたためている二〇二〇年は、まさに「日本語」のありように今まで経験したことのないかたちで向き合った年であった。

新型コロナウィルスが世界各国で急速に感染拡大を始めた三月、私は滞在先のパリで都市封鎖（ロックダウン）を体験した。パリは世界的な観光都市で、普段は街じゅうにフランス語のみならず、多様な国々の言葉と人々の声が溢れている。罰則付きの外出禁止令が発動し、にぎやかな花の都が無言の街に変わり果てた。あの経験を私はこの先一生忘れることはないだろう。

日本でも感染が拡大したものの、それでも欧米と比べればかなり感染者数が少ないのはなぜなのか。フランスと日本に拠点を持つ身の上で考えてみると、日本人の生活習慣の特性とともに、日本語そのものがウィルスを防御する上でアドヴァンテージが高いのではないかと思われてならない。新型コロナの感染源が唾液の飛沫であることは今では知らぬ者はないが、日本語には濁音（ばびぶべぼ等）破裂音（パピプペポ等）を有する言葉が少ない。逆に欧米の言語にはこれが圧倒的に多い。これは、欧米人が日本語を聞いた印象「やさしく、穏やか」「一語一語が短い」というのに合致するように思う。欧米人が長いセンテンスを途切れさせずに話し続けるのにくらべて、日本人は言葉少なである。話し方の違いにも実はコロナ感染の影響は現れているのかもしれない。

私たちの祖先は森羅万象に神を感じ、自分たちの発する言葉にも神がおわすと考えてきた。だからこそ、安易に言葉を口にするなかれと己を戒めもした。「言わぬが花」という言葉を英語で言うと「Silence is golden」となる。欧米人が「金」に喩える沈黙を、日本人は「花」に喩えた。なんという奥ゆかしさだろう。

私たち日本人は、この困難な時代、日本語の言霊に守られているのかもしれない。

原田マハ

一九六二年、東京都小平市生まれ。関西学院大学文学部日本文学科および早稲田大学第二文学部美術史科卒業。馬里邑美術館、伊藤忠商事を経て、森ビル森美術館設立準備室在籍時、ニューヨーク近代美術館に派遣され同館にて勤務。その後二〇〇五年『カフーを待ちわびて』で日本ラブストーリー大賞を受賞しデビュー。著書に『楽園のカンヴァス』『暗幕のゲルニカ』『リーチ先生』『本日は、お日柄もよく』『ジヴェルニーの食卓』など多数。

「わざ」を育む人間の「弱さ」

森田真生

先日、自宅と仕事場を同時に引越した。仕事場としてこれまで借りていた小さな町屋からは、大きなホワイトボードや本棚などを運び出した。このとき、引越スタッフの見事な身体捌きに目を見張った。

特に、ホワイトボードを二階から下ろすとき、スタッフの一人が幅の狭い階段をしばらくじっと睨んだ後、「これしかない」というおそらくは唯一の可能な軌道を通して、無事にホワイトボードを解体しないまま運び出したときには、思わず拍手をしてしまった。「すごいわざですね」と感激する僕に彼は、「慣れですよ」と笑った。

こうした何気ない「わざ」の原理を、「ことば」で説明することは難しい。深く身体化された知能ほど、言葉にならないことがしばしばだからだ。

たとえば「歩行」も言語化の難しい「わざ」の一つである。実際、ロボットに二足歩行させようとするとき、どのタイミングでどの関節をどう動かすかなど、いちいちプログラムによって指示を与えていくと、どうしてもぎこちない動きになる。

これに対して、「受動歩行機械」と呼ばれるロボットがある。この二足歩行ロボットは、関節の動きを駆動するモータも、動作を指令するコンピュータも持たないが、重力を使って緩やかな下り坂を歩く。自力よりもむしろ他力に素直に身を委ねて歩くこの機械の姿は、全身の関節を中央のコンピュータに制御されたロボットよりも、結果的には、はるかに人間らしく見える。

言葉を使った対話や思考にも、歩行に似ているところがある。言葉を使うときもまた、事前に詳細な計画を立ててから話し始めるより、対話の相手やノートに思考を投げ出すように、まずは他者に身を委ねてみるほうが、自然な「歩み」が始まる。知識や事前の計画だけによっては、自然な動作や発話は生成してこないのだ。

現代は人工知能の進化が目覚ましい。機械は膨大なデータを処理し、高速な計算を重ねながら、知識を蓄え、行動に先立つ計画を吟味する。だが、それだけでは、現実世界の激しい変化に対して、適切に応答していくことはできない。

人工知能が人間を超えることの脅威より恐れるべきは、人間の知能が機械の水準へと低下していくことだと、半世紀近く前に指摘していたのは、哲学者のヒューバート・ドレイファスである。急激な気候変動や生態系の大規模な崩壊など、様々な危機に直面しながら、膨大なシミュレーションとデータの蓄積が進む一方、しかるべき行動を起こせずにいる私たち人類は、すでにドレイファスが警告した通り、知識と事前の計画に拘束された機械に近づいているのかもしれない。

肝心なことは、課題を乗り越えるために、すべてを自力で何とかしようとする発想を手放していくことだ。必要な場面では、他者に素直に身を委ねてみる。「ことば」も「からだ」も、自力で立つためではなく、自力だけでは立てない人間が、他者との新たな生態学的な紐帯を通して、自力を超えた大きな力を発揮していくためにこそ、使いこなしていくべきものなのではないだろうか。

わざとらしさのない自然な「わざ」は、自分だけでは立てない人間の「弱さ」を素直にゆるすところからこそ、育まれていくものなのだと思う。

森田真生（もりた・まさお）
一九八五年東京都生まれ。独立研究者。東京大学理学部数学科を卒業後、独立。京都に拠点を構えて研究のかたわら、国内外で「数学の演奏会」「数学ブックトーク」などのライブ活動を行っている。『数学する身体』（新潮文庫）で小林秀雄賞を受賞。他の著書に『数学の贈り物』（ミシマ社）、『計算する生命』（新潮社）、『僕たちはどう生きるか』（集英社）などがある。

コロナの日々に

冷泉貴実子

つくづくコロナにあきた。マスクも本当にうっとうしい。

うちにやって来る人の姿は異様だ。カンカン照りの夏の暑い日、ひさしの深い帽子にサングラス、それにマスク。一昔前なら、犯罪者としか思われない姿である。

雨が降っている。フードのついたレインコートに目鏡、その上からフェイスシールド。慣れは怖い。これぞ異様と思わなくなって来ている。

緊急事態宣言が出た頃は、何もかもが異常だった。次から次へと予定がキャンセルされていく。スケジュール表は、まっ白。郵便物が、日に日に減っていく。宅配便も来ない。電話もならない。メールもファックスも数が少なくなっていく。

妙に静かな日々。初めの頃はそれでも、この暇に家の片付けをやってみた。確かにゴミの山が出た。それもあきた。どこにも出かけられない。毎日毎日三食のご飯をつくり、跡片付けをし。なんでこんなにご飯ばっかり食べるのかと、今までもやっていた日常が妙に重大事になったことにあきれる。

こんな日々を現代短歌の人は、どんな風に表現するのだろうか。これでもか、これでもかとうっとうしさをことばにし、たいくつを三十一文字にするのだろう。それでも少しでもうさ晴らしが出来たら、意味はあるに違いない。

和歌では、この感情を直接に表現する技法はない。花にたとえ、鳥にたとえ、涙は袖の露となり、枕の下の海となる。しかしそれも実は例外で、どんな悲惨な状態でも、その現実から逃避するように、美しい四季を、悲しい恋を詠む。その多くが題詠《だいえい》だからである。

春はいつも淡雪の中から梅が香がかよい、鶯の美しい声が渡る。夏はどんなに暑くとも、涼しい風が吹く泉や氷室を思う。秋になると紅葉。遠くに妻恋う鹿の音が聞こえる。冬は雪。白妙《しろたえ》の雪が松の緑に積もる。

これは必ずしも現実ではない。現在はモチロンであるが、平安時代でも、そんなに簡単に梅に鶯は鳴かなかっただろう。

でも私達は、その決まった型の中に、皆共通の同じ美を想像して、それを共有することに喜びを感じて来た。

この型の基盤の上に日本の古典の文芸、古典の芸能は成立しているのである。和歌から始まったその型の美の上に、今や日本を代表する古典芸能の能が成立しているのである。

それは決して、本当の現実を写しているのではない。謡の詞に、仕舞の手の動きに、皆が同じ景色を想像する力の上に美が成立する。

このうっとうしいコロナの日々、うっとうしい、うっとうしいと現実を受け留めるのも過し方かもしれないが、ほんの一時、現実を逃避して、想像の美の世界に身を置くのも、一つの過し方かもしれない。
疫病が渦まく中に、古今和歌集の美の世界は成立したのだから。
コロナ禍の中でオンラインの「半蔀《はじとみ》」を見てしみじみ思ったことである。

冷泉貴実子（れいぜい・きみこ）
一九四七年京都市生まれ。冷泉家二四代当主の故・冷泉為任氏の長女で、二五代当主冷泉為人氏の妻。藤原俊成、定家の流れをくむ冷泉家の文化継承に力を注ぐ。冷泉家の和歌会を主宰している。

本寄稿は、二〇二〇年秋にお声がけし、
みなさまに書き下ろしていただいたものです。